AF239394

Diplom-Meteorologe
Hubertus Schulze-Neuhoff

Himmelspforte,

Kultplätze,

Klimaforschung

und mehr.

Herausgeber:

Diplom-Meteorologe Hubertus Schulze-Neuhoff

56843 Traben-Trarbach/Starkenburg

2013

Herstellung und Verlag: Books on Demand GmbH, Norderstedt

ISBN: 978-3-8482-4304-4

Vorweg mein Dank an
„Werner Blum" Traben-Trarbach
für seine Mitarbeit.

Satz, redaktionelle Bearbeitung:

Werner Blum und Hubertus Schulze-Neuhoff

Inhaltsverzeichnis

Teil I:

Panoramablicke, Sehenswürdigkeiten und Wanderwege der Mittelmosel rund um Traben-Trarbach sowie die Chroniken von Himmelspforte, Mosel-Jakobsweg und Quellenfreunde. Im letzten Kapitel Opfersteinfunde im Eggegebirge.

Teil II: Wetter und Klima

Einleitung:

Seit meinem letzten Buch
„Klimawandel alle 30 bis 40 Jahre"
im BoD-Verlag
sind zwei Jahre vergangen, in denen sich wieder vieles
Veröffentlichungswürdiges ereignet hat.

Schwerpunkte meines neuen Buches
sind Aktivitäten rund um Traben-Trarbach (TT),
sensationelle Steinfunde im Eggegebirge bei Paderborn
in meiner alten Heimat
und
Neues zu Klima und Wetter.

Teil I:

Kapitel 1.1: **Chronik Mosel-Camino und Himmelspforte seit 2009**, zusätzlich Aktivitäten der Quellenfreunde, Wanderwege und Panoramablicke rund um Traben-Trarbach (TT).

Initiativen u.a. von Manolo Link, Karl-Heinz Jung, Dr. Helmut Pönnighaus, Hubertus Schulze-Neuhoff (HSN), Günter Oberle, Christopher Arnoldi, Gerd Becker und dem Team der Tourist-Information Traben-Trarbach.

02. 07. 2000:   HSN bringt Wander- und Radler-Broschüre 2000 heraus

03. 10. 2003:   Christopher Arnoldi aus Veldenz erstellt im Jahre der Brückensanierung u.a. Panoramen von der ehemaligen Bismarckhütte und vom Umsetzer auf Traben-Trarbach.

30. 05. 2009:   Pfingstsamstag, 06:02 Uhr

                  Wiederentdeckung der „Himmelspforte" durch HSN.

02. 06. 2009:   Mein Freund Günter Oberle aus Traben-Trarbach nennt den Aussichtspunkt oberhalb der Grevenburg „Himmelspforte".

04. 06. 2009:   HSN-Schreiben an Stiftung Grevenburg (siehe Kap. 1.19).

15. 10. 2009:   Fotograf Gerd Becker aus Enkirch fotografiert das Panorama Himmelspforte und erstellt XXL-Ansichtskarte.

30. 12. 2009:   HSN-Antrag an die Stadt auf offiziellen Zugang und Absicherung der Himmelspforte.

2009:   Dr. Helmut Pönnighaus entdeckt erstmals die Muschel in Traben-Trarbach und nimmt Kontakt mit Herrn Wolfgang Welter aus Schweich auf.

                  Dieser bestückte den Mosel-Camino mit ca. 1.000 Schildern seit 2008.

2010:   Karl-Heinz Jung aus Berlin bzw. Koblenz bestückt(e) den Camino von Koblenz bis Santiago de Compostela mit Nistkästen, rund um Traben-Trarbach halfen ihm dabei.

18. 08. 2010:   Mail von Bernd Nitsche aus Celle (siehe Kap. 1.28).

06. 10. 2010:   Günter Oberle und HSN tragen die Idee von Otto und Erika Schmidt aus TT in der Tourist-Information vor, einen „Burg-Eroberungspfad einzurichten.

                  Die „Stiftung Grevenburg" nennt ihn "Franzosensteig".

03. 03. 2011:   Die Himmelspforte wird mit einem offiziellen Pfad an den Jakobsweg angebunden und durch eine Sperre abgesichert.

17. 05. 2011:   Dr. Helmut Pönnighaus und HSN erfassen den Mosel-Camino von Bullay über Traben-Trarbach bis Klausen mit GPS. Das Ergebnis findet man im „Mosel Navigator" (u.a. 3D-Flug) in www.traben-trarbach.de.

23. 05. 2011:	Manolo Link aus Dublin meldet sich per Mail und übernachtet am Jakobstag in der neuen Pilgerherberge von Ulrike Böcking in TT. Informationen über den Pilger, Philosoph und Buchautor findet man unter:
	http://www.manololink.com/4.html.
08. 06. 2011:	„Pfingstmittwoch", zwei Jahre nach der Wiederentdeckung fährt Helmut Pönnighaus mit der SWR-Reporterin Natascha Walter u.a. zur Himmelspforte.
14. 06. 2011:	Günter Oberle und HSN pflanzen an der Himmelspforte eine Jakobsleiter (ein jährige, krautige Pflanze).
20. 06. 2011:	- Dr. Helmut Pönnighaus bringt den Flyer Mosel-Camino heraus
	- Kameramann Hans Wagner aus Starkenburg und HSN filmen den Mosel-Camino für den Offenen Kanal Wittlich/Trier (im Internet unter OK54) von Bullay über Traben-Trarbach bis Bernkastel-Kues.
	- Die Stiftung Grevenburg entwirft den „Franzosensteig" („Burgeroberungs-pfad").
27. 06. 2011:	HSN bei Heimatforscher Uwe Anhäuser in Bundenbach, der tags zuvor die Himmelspforte besuchte. (Anhäuser ist u.a. Autor des Titels „Von Frankfurt am Main nach Santiago" in „Kalebasse" 42 (Juli 2007, St. Jakobus Bruder - schaft Düsseldorf)).
29. 07. 2011:	1. Pilgertreffen am JAKOBSTAG (Zunftweinfest der Stadtschröter, jährlich das letzte Juliwochenende mit Krönung der neuen Stadtweinkönigin.
	Mehr unter: http://www.stadtschroeter.de
	(Themen: Jakobstag, Historisches und Weinköniginnen seit 1970)
	Manolo Link las im Stiftungsweinkeller (Privat-Weinkellerei Langguth) aus seinem Werk vor. Am Tag darauf erfolgten u.a. Pilgerwanderungen von Bullay und Enkirch nach Traben-Trarbach.
22. 12. 2011:	Die Druckerei Neuheisel bringt als Jahresausgabe im amtlichen Mitteilungs-blatt der Verbandsgemeinde Traben-Trarbach den Kalender 2012 mit dem Panorama-Gemälde von Ernst und Helene Havenstein heraus („Blick auf die Grevenburg von der Himmelspforte").
16. 01. 2012:	Das neue Buch „Mosel-Camino" von Karl Heinz Jung (Conrad Stein Verlag, 112 Seiten, 9,90 €) wird im Trierischen Volksfreund (TV) auf der Seite „Mo sel" vorgestellt („Pilgern zwischen Burgen und Weinbergen").
21. 01. 2012:	„Traben-Trarbach auf großer Tour durch ganz Europa" (Trierischer Volks-freund). Dazu abgebildet das Foto vom Riesen-Sattelschlepper des Unterneh - mens Rhenus-Logistics (ehemals Spedition Schon), mit Himmelspforte-Panorama, 14 m lang und 2,7 m hoch.
23. 01. 2012:	„Traben-Trarbach setzt auf Pilger", TV-Schlagzeile des Tages mit Foto vom Pilger und Autor Manolo Link auf dem „Königssitz" der Himmelspforte mit Blick auf TT.

10. 01. 2012:	Meine neue Webcam mit Panorama-Blick auf TT, siehe: www.webcam-starkenburg.de.
20. 03. 2012:	HSN nach Santiago de Compostela und Finisterra („Vor- und Nachwunder" und meine Camino-Erlebnisse in Kapitel 1.9)
02. 05. 2012:	Dr. Helmut Pönnighaus findet in der Nähe der Himmelspforte einen lange verschollenen Brunnen.
22. 07. 2012:	2. Pilgertreffen in Traben-Trarbach, mit Manolo Link.

Kapitel 1.2:   Chronik der Quellenfreunde TT seit 2005

Jahr 2005:	HSN-Antrag an die Stadt, ein Thermalfußbad am alten Bergwerkstollen ober halb des Hotels Kogge anzulegen.
01. 08. 2006:	Gründung der Quellenfreunde
31. 08. 2007:	Einweihung Thermal-Trinkwasseranlage NALLA
15. 07. 2008:	Das ehemalige Badehaus gegenüber der Kogge wird zum Kulturdenkmal des Monats Juli der Region Trier.
14 .02. 2009:	Einweihung Thermal-Fußbad am Hochbehälter NALLA
04. 11. 2010:	1. Barfußtag in der Trarbacher Schweiz
05. 04. 2012:	Das ehemalige Filterhaus und die Katakombe am Wirtzfeldpfad werden zu Kulturdenkmälern, siehe TT bzw. Bad Wildstein unter: www.roscheiderhof.de/kulturdb
24. 04. 2012:	Nach längerer Pause trafen sich die Quellenfreunde wieder.
02. 06. 2012:	1. „Elfenwandertag", 4. Barfußtag mit Einweihung des neuen Elfen- Barfuß- weges und Teichanlage Jungenwald.
11. 06. 2012:	Stadtratsitzung Traben-Trarbach u.a. Betreff Barfußpfad.
08. 09. 2012:	2. „Elfenwandertag", 5. Barfußtag
13. 09. 2012:	Trierischer Volksfreund „Auf den Spuren magischer Wesen"
05. 11. 2012:	Barfußpfad-Besprechung im Bauamt der Stadt, vier Jahre nach erster Ideen- Präsentation durch HSN.
19. 11. 2012:	Erneute Barfußpfad-Besprechung
11. 12. 2012:	Thema Barfußpfad in der Nähe der Moseltherme im Stadtrat

Foto 1:
30 Teilnehmer (Peter Döll)

Foto 2:
Magisches Wesen (HSN)

Foto 3: Panoramen

Blick auf den Mont Royal von der Bismarckhütte,
Traben und Trarbach vom Umsetzer Traben.
(Quelle: Christopher Arnoldi, Veldenz)

Weitere Aktionen der Quellenfreunde waren u.a.:

- Freischneiden und Beschildern vom Trinkwasser-Rundweg und weiteren Pfaden (Elfen-, Waidmanns-, Ameisen- und Wildsteinpfad ...).

- 12 Schanzentouren zu Graacher-, Wolfer u. Hödeshofschanzen ab 2000

- 2 Thermalwander-Touren in der Trarbacher Schweiz

- 5 Barfußtage von 2010 bis 2012

Kapitel 1.3:   Der Drei-Berge-Wanderweg T1

Quelle: MOSEL-NAVIGATOR in www.traben-trarbach.de
Fotos: siehe http://www.panoramio.com/user/2014178
http://mw2.google.com/mw-panoramio/photos/medium/64463758.jpg

Wegbeschreibung:

Trarbach - Weinlage Taubenhaus - Bikinihütte - Himmelspforte -
Ruine / Gasthaus Grevenburg und zurück.

Ausgangspunkt ist die "Alte Post" in Traben. Wir gehen bis zur Brückenschenke in Trarbach. Durch die Brückenstraße und dann rechts gelangen wir am Fahrrad- und Mittelmosel-Museum vorbei zur Enkircher Straße, links ab am Alten Casino vorbei in den Wolfer Weg.
Gegenüber des Buddha-Museums (ehemalige Jugendstilkellerei Julius Kayser & CO.) geht es links ab. Steil ansteigender Weg an der Villa Sonora vorbei in die Weinberge des "Taubenhaus" mit zwei Panoramaplätzen des Weingutes Sausen. Wir gehen geradeaus auf dem Mosel-höhen- und Jakobsweg in Richtung Bernkastel-Kues. Wir gelangen so ans Ende des Tales (Compener Bach) auf die Höhe von 207 m, verlassen den Weg nach Bernkastel, indem wir in Serpentinen abwärts an der Sportanlage des Gymnasiums und am selbigen vorbei gehen.
Am 30 %-Schild halten wir uns rechts, überqueren den Sauerberg-Bach und gelangen zur Wildbadstraße (Trarbach - Kautenbach). An der "ANKERBRÜCKE" überqueren wir die Straße und den Kautenbach. Wir folgen dem Herbstberger Weg halblinks aufwärts in die Weinberge, nehmen dann den Weg nach rechts, kommen oberhalb der Tennisplätze und der Ayurveda-Klinik vorbei. Oberhalb des Minigolfplatzes (ältester Deutschlands) biegen wir nach einem Mini-Weinberg in einen schmalen Pfad (T1) nach links ab. Nach ca. 200 m stehen eine Bank und ein brauner Hochsitz. Dann gelangen wir zum Weinbergsweg, der vom Herbstberger Weg hoch kommt, machen einen Abstecher bis zur "BIKINIHÜTTE" im Weinberg Hühnerberg mit Blick auf die Moseltherme (daher der Name), den Minigolfplatz, ins Kautenbachtal ("TRARBA-CHER SCHWEIZ") und bis zur B 50 neu jenseits des Kautenbachtales an den Graacher und Longkamper "Alten Schanzen" (um 1795 in Fronarbeit geschanzt).
Wir gehen zurück und dann auf dem Fahrweg aufwärts (Mountain-Bike Nr. 1) bis zur Höhe 211 m über NN, am Hang zurück zur Stadt. An der Kreuzung oberhalb des Friedhofs folgen wir der Fahrstraße abwärts bis zur L 190, gehen dort ca. 100 m abwärts in Richtung Trarbacher Ortsschild. In der Linkskurve verlassen wir die Straße und biegen rechts ab in den Wanderweg entlang des Schottbachs, nach ca. 100 m links ab zum Schlossberg-Eck (eine schöne Sitz-gruppe zum Verweilen). Wir folgen dem Schild " zur Grevenburg" auf der alten Römerstraße ca. 500 m und biegen nach links ab. Kurz vor dem Parkplatz der Grevenburg erkunden wir noch den seit April 2011 angelegten "Himmelssteig". Nach ca. 300 m auf dem Fahrweg von der Grevenburg   (20% Anstieg) biegen wir links ein in Richtung Starkenburg, gehen 100 m und folgen am Insektenhotel abwärts dem neuen Hangweg und erreichen bequem nach 60 m den unvergesslichen Panoramablick "HIMMELSPFORTE" auf 273 m über NN. Weiter geht es zurück zur Grevenburg (Rastmöglichkeit). Wir haben nun die Wahl, über die lange Steintreppe am Kriegerdenkmal vorbei zur Schottstraße, über den Brandweg in die Brückenstraße oder über den offiziellen Jakobsweg / "M" = Moselhöhenweg in Serpentinen abwärts zum Ausgangs-punkt zu gehen (Höhe 118 m über NN auf der Brücke).

Kapitel 1.4:

Der Wanderweg T4 zum Hödeshof und zurück über Unheller Küppchen und Laacher Hütte

Zielpunkt der Tour: Hödeshof und 436 m über NN

Wegbeschreibung:

Vom Parkplatz am Trarbacher Moselufer durch Unterführung/Hochwassertor vorbei am ***Hotel Moseltor (ehemaliges Stadttor) und Moselstraße geradeaus bis zum Rathaus Trarbach.

Schräg gegenüber in Kirchgasse aufwärts, ab jetzt beginnt die Ausschilderung des Rundweges T4. Vorbei an der Evangelischen Kirche (gotisches Bauwerk ca. 1330) und der einstigen Lateinschule (heutige Pilgerherberge des Mosel-Caminos).

Der Weg führt durch die Pforte der alten Stadtmauer, links am Friedhof vorbei, dann rechts und nach 100 m links in den Affkeller Weg. Diesem geradeaus ca. 3 km bis zur Wegspinne folgen.

Aus dem Wald kommend halbrechts zur Asphaltstraße, links abbiegen und nach ca. 100 m rechts dem Wiesenweg entlang an Heckenreihe aufwärts bis zur Straße gehen.

Dort rechts ab vorbei an den Häusern des Hödeshofes und weiter bis zum höchsten Punkt von 436 m über NN.

Bei Wegeteilung am Anfang des Waldes rechts abbiegen und geradeaus über die Kreuzung hinweg gehen.

Nach ca. 300 m stößt der T5 auf den T4 (auf Höhe 412 m). Nach weiteren ca. 300 m rechts ab in Feldweg zur verdeckt liegenden Krähenhütte mit Rastmöglichkeit und großer Wiese für Spiele.

Am Hochsitz links abwärts, am nächsten Hochsitz rechts ab zum Unheller Küppchen (320 m) mit herrlicher Aussicht auf Traben-Trarbach und die Mosel.

Dann talwärts auf Felspfad zur Forststraße, diese überqueren und gegenüber weiter abwärts bis zur nächsten Forststraße. Auf dem Kamm-Pfad gelangen wir zur Laacher = George-Hütte und von dort abwärts zur Stadt.

Kapitel 1.5:

Der Wanderweg T5 zur Simmenacher Scheuer und zurück über Unheller Küppchen / Laacher Hütte

Kurzbeschreibung:

Von der Unterführung in Trarbach an der evangelischen Kirche vorbei, am Friedhof entlang, am Waldrand und in den Kastanienwald, Pferdegestüt "Simmenacher Scheuer", auf dem T4 wieder zurück mit Panoramablicken Unheller Küppchen

Wegbeschreibung:

Text der Tourist-Information Traben-Trarbach:

"Wanderwegbeschreibung zur Wanderkarte 1:25 000, Mittelmosel-Kondelwald, Bereich Traben-Trarbach"

T5: Trarbach - Halsberger Höhe - Schillerweg - Hödesflur, ca. 6.5 km (höchster Punkt)

Eine Rundwanderung, die alles zeigt, was die Mosellandschaft zu bieten hat (Weinberge, Wald und herrliche Ausblicke).

Vom Parkplatz am Trarbacher Moselufer durch die Unterführung Hochwassertor und Mosel-straße bis Rathaus.

Schräg gegenüber in Kirchgasse aufwärts. An gotischer Kirchengruppe (1330), Pilgerherberge, alter Stadtmauer mit Pforte und Friedhof vorbei, nicht in den Affkeller Weg (T4) einbiegen, sondern geradeaus weiter oberhalb der Weinlage Trarbacher Schloßberg bis zum "Kastanienwäld-chen". Immer wieder schöne Ausblicke ins Kautenbachtal und auf Trarbach. In der Umgebung von Traben-Trarbach trifft man öfters auf Edelkastanien, die früher auch gewerblich genutzt wurden. Ein Zeichen günstiger klimatischer Verhältnisse.

Weiter geradeaus auf bequemem Waldweg, leicht abwärts bis zum "Schillerweg". Dort in der Serpentine wieder aufwärts bis zum Aussichtspunkt "Drei-Häuser-Blick".

Lohnender Ausblick auf Hotel "KOGGE", früheres Hotel Trarbach und Ex-DISO-Markt (www. haus-am-wildbach.com) und ins Kautenbachtal mit Bad Wildstein ("Trarbacher Schweiz").

Die zuletzt beschriebene Wegstrecke kann witterungsbedingt morastig sein, mit Wanderstiefel aber auch möglich.

Auf dem "Schillerweg" weiter zur Höhe.

Aus dem Wald kommend an der "Simmenacher Scheuer" (heute ein Pferdegestüt) vorbei und geradeaus bis zur Einmündung in den T4. Dort ist der höchste Punkt unserer Wanderung. Von dort haben wir einen Blick bis zum "HÖDESHOF" in ca. 1.5 km Entfernung.

Wir gehen aber links erst geradeaus und dann abwärts auf dem T4/T5 über Schutz- und Aussichtshütten "Unheller Küppchen" und „Laacher- = George-Hütte" nach Traben-Trarbach zurück.

Kapitel 1.6:

Kurz- und Lang-Wanderweg T9 über den Mont Royal

Startpunkt der Kurz-Tour: Tourist-Information
Zielpunkt der Kurz-Tour: Rißbach - Wasserwerk Römerstraße und zurück

Wegbeschreibung:

Tourist-Information"Alter Bahnhof", abwärts zur Mosel. Durch die Moselanlagen zum Hotel Anker, dort erstes T9-Schild. Dem Fußgängerweg an der Mosel bis nach Rißbach am Sportplatz und Campingplatz vorbei folgen.

In Rißbach kurzes Stück an der Straße links folgen (ca.100 m). In den Weinbergsweg am Rosenhof einbiegen und diesem geradeaus leicht ansteigend bis zum Hochbehälter folgen. Auf diesem Weg oberhalb Trabens, schöne Aussicht auf den Stadtteil Trarbach und die Grevenburg, Himmelspforte und Starkenburg. Durch die Römerstraße abwärts nach Traben.

Der T9 kann auch als längere Wanderung über den Mont Royal und Kövenig fortgesetzt werden, siehe Beschreibung T9 - Teil II (Lang-Tour)

Zielpunkt der Lang-Tour: Mont Royal und Kövenig

Wegbeschreibung:

Wir wandern auf dem T9 die Kurzstrecke (siehe oben bis zum Hochbehälter), dort aufwärts den Königs-Berg hinauf, zwischen Kiefernwald und Weinbergen links ab zum "Trabener Eck". Dort steht eine Schutzhütte mit schöner Aussicht auf die Stadt, Grevenburg, Himmelspforte, Starkenburg, Schott-, Kautenbach-, Compener Bachtal und Mosel links und rechts (Panoramablick "Fünftälerstern").

Links am Fernsehumsetzer weist uns ein T9-Schild den Weg weiter aufwärts zum Flugplatz mit Gaststätte. Links der erste Blick auf Wolf und weiter am Hang auf Fußpfad zum nächsten Ausblick auf Wolf mit Klosterruine und Kröv.

Am Parkplatz dann links der Landstraße vorbei am Feriendorf "Mont Royal" bis zur Kreuzung, von wo es abwärts nach Kövenig geht. Der schwarzen "9" und roten "T9" über das Gelände des Feriendorfes folgen (Blick auf Burg) und geradeaus runter durch den Wald (Blick dann auf die Staustufe Enkirch).

Dann Teerweg links und dann wieder rechts abwärts nach Kövenig bis zum Bahnhof.

Hier nehmen wir den Zug oder gehen am Moselufer entlang zurück nach Traben-Trarbach (der Weg ist in der Karte als "T9" markiert, aber nicht in der Natur beschriftet).

Kapitel 1.7:

Mosel-Camino (Jakobsweg) Bullay - Zell - Enkirch - Traben-Trarbach

Start der Tour: Bullay Bahnhof
Zielpunkt der Tour: Trarbach

Wegbeschreibung:

Ab Bullay Bahnhof folgen wir dem Muschelzeichen mit gelbem Pfeil über die Eisenbahnbrücke. Wir gehen über den Fußgängerüberweg und dann hangaufwärts bis zu den Schildern "Briedel 3 km und Zell-Kaimt 4 km".

Rechts liegt die Marienburg. Wir gehen aber links abwärts erst auf Teerstraße, dann auf Feldweg und erreichen Zell-Kaimt. Dort die Mosel auf der Fußgängerbrücke überqueren und dann links und gleich wieder rechts abbiegen in die Fußgängerzone von Zell.

Entlang der Hauptstraße gelangen wir bis zum Kreisel (ca. 100 m vorher entsprechend der Muschel-Beschilderung die Seite wechseln) und biegen dort in die Straße links Richtung Altlay (Hunsrück) ab, dann rechts.

Am Ex-Wassertretbecken steigen wir in Etappen aufwärts, gelangen entsprechend der guten Beschilderung zum "Beimter Kopf" mit dem ehemaligen Kultgebäude aus römischer Zeit. Weiter geht es aufwärts bis zur "Schönen Aussicht" in 375 m Höhe. Nun sind es nur noch ca. 500 m bis zum „Bummkopf" in 420 m Höhe über NN.

Wir wandern weiter durch den Wald, beschildert durch "M" und "Muschel", bis zum "Fünftäler-blick" oberhalb von Enkirch. Dort ankommend biegen wir am Hotel Steffensberg links ab, in die Weingasse links aufwärts, am Hinweisschild zum Museum rechts ab in die Straße Am Wochenmarkt und an der ev. Kirche vorbei ins Oberdorf, entlang der Landstraße L 192 bis fast Ortsausgang (nicht zum Friedhof abbiegen!).

Dort rechts ab auf den Pfad zum "Kirst", erste Rastmöglichkeit und Eintragung ins Wander-buch am Rottenblick, ein Aussichtsplatz der "Rotte 10 / 11" am "Wanderweg der Lieder". Weiter aufwärts an mehreren Hütten/Unterständen vorbei, herrliche Ausblicke bis Starken-burg. Dort Einkehrmöglichkeiten in der wahrhaft "Schönen Aussicht" oder im "Hüttenzauber". Auf der Strecke und von der Starkenburger Ruine traumhafte Blicke ins Moseltal, auf den Mont Royal (mit Weinbergen, Segelflugplatz und Hochseilgarten) und bis Wittlich. Wir gelan-gen zum Pavillon und gehen auf der Höhe am Waldrand an der Bismarckhütte vorbei (zur Zeit noch nicht wieder aufgebaut). Auf neuem Pfad, der am 1. April 2011 beschildert und begeh-bar wurde, gelangen wir zur "Himmelspforte" (schönster Blick auf Traben-Trarbach).

HIER GILT: Vorsicht! Steiler Felsabfall! Hinter der Barriere bleiben! Gutes Schuhwerk!

Wir gehen weiter abwärts und gelangen auf die Zufahrtsstraße zur Grevenburg mit 20% Gefälle. Nach empfohlener Rast gehen wir die altehrwürdigen Treppen abwärts in den Stadtteil Trarbach und in der Kirchgasse aufwärts zur Pilgerherberge "Alte Lateinschule", die seit 2011 von Frau Ulrike Böcking liebevoll geleitet wird.

Kapitel 1.8:

Von der Pilgerherberge zur Himmelspforte

Startpunkt der Tour: Rathaus in Trarbach
Zielpunkt der Tour: "Himmelspforte" oberhalb der Grevenburg

Wegbeschreibung:

Start am Rathaus, kurzes Stück (ca. 50 m) in Richtung Irmenach, zwischen den Häusern links die Treppe hoch zum "Brandweg", nach ca. 30 m rechts aufwärts in die Weinberge, auf dem Weinbergsweg links ab zum Kriegerdenkmal, treppauf zur Grevenburg.

Hier Möglichkeit zur Einkehr.

Aber erst sollte man die Panorama-Aussicht von der Himmelspforte genießen.

Dazu auf der Zufahrtsstraße die Serpentinen hoch und ein Stück der 20%-Steigung folgen, dann links ab auf dem neuen „Himmelspfad" und nach 99 Schritten erleben wir den "Blick des Jahres".

Den Blick schweifen lassen und mit Gelassenheit auf die Stadt blicken. Auf dem selben Weg gehen wir zurück oder machen noch einen Schlenker aufwärts.

Dann wandern wir vom Grevenburg-Parkplatz in Serpentinen abwärts zum Dollschied-Wanderweg (direkte Verbindung zwischen Starkenburg und Trarbach). Dort dann links, durch die Brückenstraße zurück zum Ausgangspunkt, nach Traben zur Tourist-Information oder zu den Sehenswürdigkeiten Mittelmosel-, Fahrrad-, Buddha-Museum usw.

Kapitel 1.9:

HSN-Erlebnisse in/nach Santiago de Compostela
HSN's prä-und post-CAMINO-Wunder (vor, auf und nach dem Jakobsweg)
vom 20. März 2012 ff.

Nachdem ich im Herbst 2011 etwas zu schnell war und dafür meinen Führerschein abgeben durfte, begab ich mich am 20. März 2012 auf meinen „CAMINO-Special".

Mein Freund Helmut und seine Frau Heide hatten vom Wunder auf ihrem CAMINO berichtet und Manolo Link beschrieb in seinem Buch viele wundersame Dinge auf seinem Jakobsweg 2005.

So hoffte auch ich auf kleine Wunder. Zuvor hatte ich schon mein erstes Wunder erlebt. Meine Schmerzen und eine Beule am linken Arm hatten sich ohne Medikamente aufgelöst, als hätten sie mir sagen wollen: „Nimm die Trennung von der Lebensgefährtin positiv an"!

Der innere Arzt, wenn Du auf ihn hörst, ist oft der beste Heiler.

Die monatlichen Lesetreffs von Gerd Engel und Silke Kruse halfen mir zusätzlich, zu verarbeiten und meinen Gefühlen freien Lauf zu lassen. Ich hoffte, dass sich ein „neues Fenster" öffnen würde.

So startete ich mit Ryanair nach Santiago de Compostela, übernachtete im Hotel San Jacobus an der Zufahrtsstraße vom/zum Flugplatz. Am nächsten Morgen fuhr ich mit dem Bus ans Ende der europäischen Welt nach Finisterre und wie Manolo übernachtete ich dort im Hotel ANCORA.

Zuvor hatte ich mein zweites Wunder erlebt. 4 Wochen vorher hatte ich sein Buch verzweifelt gesucht, aber nicht gefunden. 24 Stunden vorher öffnete ich die richtige Schranktür und da stand es bereit, mit mir auf die Reise zu gehen.

Im La Fontera, Pirata und Galeria fand ich seine Freunde und Freundinnen, die auch schnell meine wurden. Heinz aus Trier zeigte mir die Rieseneidechse im Sonnenschein. Ich hielt Ausschau nach meiner „Traumfrau", fand sie aber nicht. Auf meinem Spezial-Camino habe ich übrigens pro Tag etwa 15 - 20 km zurückgelegt. Am Abreisetag schenkte mir Maria ihr Buch, den Roman von Anthony Mc Carten „Englischer Garten". Die wichtigsten Zeilen daraus:

„Die meisten Menschen verbringen ihr Leben in einer Festung und lassen nur selten die Zugbrücke hinunter. Was wir da alles verpassen! Wir halten Abstand voneinander, weil wir uns nicht trauen. ...... Die echte Zugbrücke senkt sich für die meisten Menschen nur ganz wenige Male, oder so gut wie nie."

Das passiert nur, wenn der „Traumpartner" ins Leben tritt, der nichts verändern will, der den Anderen so nimmt, wie er ist, der akzeptiert, was passiert.

Hoch Harry hatte für fast dauernden Sonnenschein hier und an der Mosel gesorgt. Das war mein erster, aber sicher nicht der letzte CAMINO.

Drei Bilder zeigen Eindrücke von Finisterre und Umgebung:

Bild 1:
Der „Felsenmensch"
auf dem Pindo
nahe dem Ort Cee

Bild 2:
Sagenumwobenes
„Steinsiegel"
nahe der Kirche
in Muxia

Bild 3:
Christine
mit Hund Paco
vor dem Restauant
La Fontera

Bilder 1 und 2 befinden sich auch im Internet unter:
http://www.panoramio.com/user/2014178

Hier der Rundumblick vom Aussichtspunkt nahe des Monte Pindo:
http://www.galicia360.com/comarca-de-fis...ador-ezaro.htm
Bilder von Finisterre:
http://www.google.de/search?q=finisterre...iw=1280&bih=843
http://www.google.de/imgres?q=finisterre...=1t:429,r:0,s:0

Seit dem Camino bin ich mehr als glücklich, es passierten wundersame Dinge und die "post-CAMINO-Wunder" dürfen weiter gehen.

01. April:	Rückkehr in die Moselheimat
05. April:	Ich lernte viele liebevolle Menschen kennen
06. April:	Mit den neuen Quellenfreunden Carolan und Rotraud zum/zu „Felsen mensch", „Elfenwohnungen" und Kultplatz „Wildstein"
09. April:	Ca. 45 traumhafte Fotos vom Elfenpfad und Schillerweg in der „Trarbacher Schweiz" in www.haus-am-wildbach.com
10. April:	Erstes Quellenfreundetreffen nach langer Pause
02. Juni:	Elfen- und Barfußwanderung mit 40 glücklichen Teilnehmern
18. Juni:	Hinweis auf geplanten Barfußpfad der Quellenfreunde im TV
02. Juli:	Zitat des Tages: „Es gibt im Leben viele Veränderungen …
	Die Brücken in Deinem Leben mögen anders aussehen, auch Du wirst Dinge erleben, die Dein ganzes Leben verändern"…
	(„Wenn das Leben neu beginnt", von Don Piper und Cecil Murphey, GerthMedien, Seite 13, 3 Auflage 2009, ISBN 978-3-86591-348-7)
20. Juli:	Manolo Link, Heinz Longen, Karl-Heinz Jung in TT
22. Sep:	Jörg Schulze-Neuhoff als Schauspieler in Dortmund im Depot aufgetreten, siehe www.schulze-neuhoff.com
29. Sep:	Rückkehr in den Heimathafen zu Rita, mit der ich zuvor 15,5 Jahre zusammen lebte.
01. Okt:	„Klimawandel alle 30 bis 40 Jahre" in USA, Großbritannien und Kanada lieferbar (Nachricht BoD)
03. Nov:	Jörg Schulze-Neuhoff mit Kafka`s „Der Bau" in TT

Kapitel 1.10:

Von Wolf zu den Wolfer- und Graacher Schanzen

Startpunkt der Tour: Tourist-Infostelle im Stadtteil Wolf

Zielpunkt der Tour: Graacher Schanzen/B 50 neu

Wegbeschreibung

Von der Infostelle in Wolf der Moseluferstraße dem Fluss folgen bis zur Bushaltestelle des Jugendhofes.

Dort rechts ab zum Koppelberg, durch die Straßen Eichfeld und Koppelberg immer bergauf. Hinter dem letzten Haus rechts auf der Teerstraße aufwärts.

Auf der Höhe am Hochsitz links ab, dann rechts ca. 800 m am Waldrand entlang, bis ein Schild rechts auf die Wolfer Schanze hinweist. Dort gehen wir fast geradeaus und gelangen wieder auf die Teerstraße, halten uns dort links.

Nach weiteren ca. 500 m erreichen wir die Graacher Schanze. Am Hochsitz biegen wir rechts ab und erreichen nach ca. 900 m das Ende des Schanzenweges. Hier wird schon kräftig an der B 50 neu gebaut. Auf der neuen Asphaltdecke gehen wir am Graacher Schützenhaus vorbei.

Rechts ab beginnt dann unser Rückweg. Wir überqueren hier noch ungehindert die neue B 50 in ihren Anfängen. Am 01.Juli 2011 fand ich noch den Weg so, später muss man mit Umweg rechnen. Nach ca. 1 km erreichen wir auf dem Moselhöhenweg "M" den Wald. Nach ca. zwei weiteren km kommen die Weinberge Wolfs in Sicht und wir können auf dem Berggrat an der Klosterruine Wolf oder weiter auf dem Teerweg zum Ausgangspunkt zurück gehen.

Alternativen: An der Graacher Schanze nicht rechts auf die Schanze, sondern geradeaus bis zur Eisernen Weinkarte (eiserner historischer Wegweiser auf der Höhe zwischen Trarbach - Bernkastel - Graach). Rechts zum Ausflugslokal mit gleichem Namen und weiter nach Bernkastel, mit Schiff oder Bus zurück. Oder links ab nach Traben-Trarbach und von dort mit Schiff oder Bus zurück nach Wolf.

Kapitel 1.11:

Wanderweg Traben-Trarbach - Graacher Schanzen - Bernkastel-Kues

Kurzbeschreibung

Von Traben-Trarbach geht es über die Graacher Schanzen nach Bernkastel zum Cusanusstift. Mit dem Schiff oder Bus fahren wir wieder zurück zum Ausgangspunkt.

Bei dieser Wanderung gilt es, den 434 m hohen "Mont National" zu überwinden, dem die Franzosen Ende des 18. Jh. diesen Namen gaben.

Bei den Einheimischen heißen die Erdwälle und Gräben, die einst zu Verteidigungszwecken angelegt wurden, "Graacher Schanzen". Ursprünglich im Jahr 1794 von den Preußen angelegt, errichteten die Franzosen auf der Anhöhe zwischen Traben-Trarbach und Bernkastel-Kues eine militärische Großanlage, die den Soldaten Schutz bot.

Mit dem Frieden zu Campo Formio 1797 verlor der "Mont National" seine Bedeutung und die Natur eroberte sich das Gebiet zurück.

Geschichtsinteressierte haben sich der Graacher Schanzen angenommen und sie wieder zugänglich gemacht. Heute sind die Wälle und Gräben teilweise nur noch schwach in der Landschaft zu erkennen.

Mehr über die Schanzen erfahren sie hier unter:

http://www.roscheiderhof.de/kulturdb/client/einOrtsteil.php?gmde=Graach_an_der_Mosel&ortsteil=Graacher_SchÄ¤ferei

oder „Neue Suche" Ortsregister: http://www.roscheiderhof.de/kulturdb

Kapitel 1.12:

Zu den Schutzhütten Laacher und Unheller Küppchen

Wenn wir den Friedhof passiert haben, gehen wir rechts ab, an Trockenmauern und der Jahreszahl 1878 vorbei auf dem T5 zum „Kastanienwäldchen" aufwärts.

Dort gehen wir nicht weiter geradeaus, sondern folgen dem Schild „Unheller Küppchen" halb-links weiter aufwärts.

Auf felsigem, breitem Wirtschaftsweg erreichen wir schon nach ca. 600 m den T5, der von der Simmenacher Scheuer nach Trarbach abwärts zurückführt.

Wir aber gehen auf dem Kammweg ca. 150 m aufwärts, genießen den Panoramablick von der renovierten Schutzhütte „Unheller Küppchen", kehren zum Ausgangspunkt zurück und folgen dem T5 zur nächsten Schutz- und Aussichtshütte (Laacher oder auch GEORGE-Hütte genannt).

Wer gut zu Fuß ist, kann auf dem Kamm direkt abwärts gehen und so drei wunderbar erhalte-ne Trockenmauern (Höhe bis ca. 2 m) sehen. Der Pfad durch die Tannen (= ehemaliger Casten-dyck-Weinberg) ist erst provisorisch und inoffiziell.

Der offizielle Abgang von der Laacher Hütte führt in Serpentinen seitwärts hinab.

Wir können von der Friedhofs-Zufahrt zurück über den Laacher Weg gehen. Vor dem ersten Haus, wo zwei freigelegte Rundbögen in der Trockenmauer zu bewundern sind, geht ein schmaler Pfad links zu einer Bank, von der aus wir die evangelische Kirche auf Kästl, halb-rechts die Grevenburg und das Felsmassiv der „Himmelspforte" sehen.

Dorthin führt evtl. - im Rahmen des MOSELSTEIG-Projektes- der „Franzosensteig" für Touristen mit Bergsteiger-Qualitäten. So etwas fehlt noch in Traben-Trarbach, ähnlich wie in Zell, Erden oder der berühmte Calmont in Bremm.

Kapitel 1.13:

Der „Trockenmauer-Weg", die T1-Alternative
„Zwei- statt Drei-Berge-Tour")
(Fotos: Hubertus Schulze-Neuhoff)

Wir starten am T1 in der Wildbadstraße (schenken uns also den Umweg über die Weinlage Taubenhaus und Umgehung des Compener Bachs).

Foto 1:   Blick auf den reißenden Kautenbach, am 05. 01. 2012

Foto 2:   Trockenmauer mit Bögen

Foto 3: Auf dem T1 in die Weinberge, links Trockenmauer

Foto 4: Rechts ab zur Rückseite der Ayurveda-Klinik

Foto 5: Aufstieg durch die Weinlage Hühnerberg mit Blick auf die Bikini-Hütte (schwach erkennbar).

Foto 6: Trockenmauer auf dem Kamm des Hühnerbergs.

Foto 7:   Trockenmauer rechts am Hangweg ca. 200 m weiter auf dem T1

Foto 8:   Von der selben Stelle wie Foto7, aber mit Blick nach links auf Trarbach

Foto 9: „Dreibergeweg" T1 durch Felsendurchbruch
(Ca. 100 Meter davor geht rechts aufwärts der T5
zur Simmenacher Scheuer/Unheller Küppchen

Foto 10: Im Jahre 1878 wurde der Fels „durchbrochen" und markiert
(Hinweis durch Freunde an HSN im Januar 2012)

Am Felseinschnitt führt eine Weinbergstreppe rechts aufwärts durch einen Tannenwald (vor ca. 50 Jahren von Giselher Castendyck gepflanzt).

An zwei mannshohen Trockenmauern vorbei (Relikte des alten Weinberges), gelangen wir auf einem noch inoffiziellen Pfad zum Aussichtspunkt/Schutzhütte, von wo wir eine schöne Aussicht haben, siehe nächstes Foto.

Foto 11:
Blick von der Laacher- (George-Hütte) auf Traben-Trarbach, Grevenburg und Himmelspforte

Von der Hütte aus wandern wir abwärts zurück zum T1, überqueren die Landstraße (Traben-Trarbach - Irmenach), gehen ca. 100 m aufwärts im Schottbachtal.

Der offizielle T1 führt weiter geradeaus, wir aber gehen links auf Teer, dann rechts auf der alten Römerstraße und sehen links eine Trockenmauer mit Bögen. Der Sandsteinbogen ist Relikt des alten Moseltores, das um 1870 abgerissen wurde (siehe „Traben-Trarbach", Veröffentlichung von Dr. Heinz-Günther Böse / Susanne Pohler).

Wir folgen dem Schild „Grevenburg" und dem T1 zur „Himmelspforte". Rechts davon sehen wir die Initialen „AK" in der Trockenmauer eingefügt. Wer weiß, welcher Name sich dahinter verbirgt?.

Foto 13:   Die Initialen „AK".

Am Ende des Weinbergweges gelangen Sie auf die Fahrstraße zur Grevenburg.
In der Serpentine gehen Sie noch ca. 150 m aufwärts mit 20%-Anstieg und folgen dann dem Schild T1 und „99 Schritte bis zur Himmelspforte, mit Traumblick vom Jakobsweg".

Foto 14:
Der traumhafte Blick auf Traben-Trarbach und den Koppelberg, von der „Himmelspforte".

Danach haben Sie sich Essen, Trinken und Ausruhen im Restaurant auf der Grevenburg verdient, bevor sie wieder ins Tal absteigen.

Die Fotos 1-14 sind auch zu sehen bei:
http://www.panoramio.com/user/2014178

Abschlussbemerkung zu diesem Kapitel:

Übersichtskarten, weitere Texte wie Schwierigkeitsgrade, Entfernungen und Höhenunterschiede der beschriebenen Wege und Fotos: Homepage der Stadt Traben-Trarbach im MOSEL-NAVIGATOR

Kapitel 1.14:

Der Wanderweg zu Elfen, Wildstein, warmer Quelle, Katakombe, Uhufels, Schillerweg usw.

Es wurde mal wieder Zeit, dass wir uns trafen.

Die Quellenfreunde, die sich im August 2006 gründeten, u.a. Thermalwasser-Trinkanlage und Fußbecken einrichteten und die Wanderwege in der Trarbacher Schweiz rechts und links der Wildbadstraße auf dem Weg nach Kautenbach beschildert haben, wurden ab 06. April 2012 wieder aktiv. Allen voran unser neues Mitglied Carolan Lieb, der die Schönheiten unserer Landschaft abseits der Mosel am Elfenpfad im Internet verewigt hat.

Wir wissen jetzt, weshalb der Pfad diesen Namen bekam, siehe Elfen, Fabelwesen, Zwerge, Feen, Naturgeister in wikipedia/Elfen. (Die Fotos findet ihr unter www.haus-am-wildbach.com/14.html)

Wir planten, barfuß oder auf Wollstrümpfen (auf dem Jakobsweg westlich Santiago de Compostela erprobt) dorthin zu wandern, so geschehen am 02. Juni 2012 mit vierzig Teilnehmern. Wir beabsichtigen, auch mal abends mit Beleuchtung (der „Elfen-Felshöhle" und des Weges) zu wandern.

Eine neue Beschilderung des Wildsteins ist nötig, nachdem das alte, damals gestiftete Schild durch die Witterung unleserlich wurde.

Für unsere Wandertouristen sind wir bereit, mit den Mitarbeitern des Bauhofs, anzupacken, die Wege herzurichten. Es gilt, aus der „Lähmungsphase" herauszukommen. Daher begrüßen wir natürlich auch die Empfehlung der Gräfin-Loretta-Stiftung, einen „Grevenburg-Eroberungspfad" = Franzosensteig zu unserer Himmelspforte und höher hinaus anzugehen. Wir brauchen solche Herausforderungen / Klettersteige / Barfußpfade für aktive und sportliche Touristen wie die Steige in Zell, Erden oder Calmont.

Zitat Kurt Derungs „Magische Quellen, heiliges Wasser" edition amalia, 2009, Seite 8:

„Der Quellgrund im Erdkörper ist nicht einfach ein Ort, wo Wasser entspringt, sondern der heilige Schoß der Mutter Erde. Leider werden diese Zusammenhänge vergessen".

„Wir leben" (im Kautenbachtal, Trarbacher Schweiz) in einer *„mythologischen, verzauberten, beseelten Landschaft"*, so seine Worte. Die findet, wer ein Gespür dafür hat, am Wildstein, Elfenpfad und an der „ungezähmten" Thermal-Quelle nahe Hotel Kogge.

Bild 1:   Das alte Schild zeigt es!

Bild 2:   Die „Elfenwohnungen" (wer Fantasie hat)

Kapitel 1.15:

„Traben-Trarbach („Himmelspforte-Blick") auf großer Tour durch ganz Europa"

http://www.volksfreund.de/nachrichten/region/mosel/kurz/Kurz-Traben-Trarbach-auf-grosser-Tour-durch-ganz-Europa;art778,3036406

„Traben-Trarbach auf großer Tour durch ganz Europa:
Die Stadt Traben-Trarbach geht ab sofort auf große Tournee durch ganz Europa.
Mit dem Logistikunternehmen der Rhenus-Gruppe ist die Tourist-Information der Stadt,
eine langfristige Kooperation eingegangen"....

Die Geschichte dazu:
Der Fels oberhalb der Grevenburg war den älteren Mitbürgern wohlbekannt.
Es gab noch keine Fernseher und Computer, da tollten und kletterten die Kinder und Jugend- lichen noch auf den Felsen der Umgebung in der Natur herum. Es gab Fotos von diesem Pano- ramablick, aufgenommen um ca. 1910. Daraus entstand ein Gemälde von Ernst und Helene Havenstein. Er wäre in 2011 stolze 100 Jahre alt geworden und ihm zu Ehren initiierte Prof. Johannes Werling beim 1. MOSEL-WEIN-NACHTSMARKT eine Ausstellung und gab ein zweites Buch zu den Havenstein's heraus. Ein Himmelspforte-Bild hing sogar von 1915 – 1941 in Russland und kehrte auf wundersame Weise heim, siehe Extrabericht.
Der Platz oberhalb der Grevenburg, nun dank meines Freundes Günter Oberle, als "HIMMELSPFOR- TE" bekannt, geriet in Vergessenheit. Erst am 30. Mai 2009, an einem Samstagmorgen um 06:02 morgens, nahm die Entwicklung ihren Lauf. Ich suchte die "FRANZOSENTREPPE" nach Hinweis mei- nes Freundes Wolfgang Wendhut, fand sie und war so begeistert, dass man mich erst mal zurückpfeifen "musste". Erst im März 2011 wurde ein schmaler seitlicher Pfad dahin von zwei städ- tischen Mitarbeitern angelegt und eine Absicherung vorgenommen. Inzwischen hatte ich den Werbe-Fotografen Gert Becker (www.bewe.de) gebeten, ein schönes Panoramafoto von der "HIM- MELSPFORTE" aus zu machen.

Das Ergebnis seht Ihr hier im Artikel und vielleicht mal auf der Straße. Das war die Überraschung des Tages, als ich am 21. Januar 2012 den Trierischen Volksfreund aufschlug und fest- stellen konnte, dass unsere Idee und Empfehlung aufgegrif- fen wurde. Wir, die Chefin vom Hotel Jungenwald und ich per- sönlich fahren mit dem Panora- ma auf unseren PKW`s schon seit der Aufnahme durch das Land. Zu dem Aussichtspunkt findet ihr, wenn ihr auf dem 20%-Abstiegsweg zur Greven- burg den Schildern „T1" und „99 Schritte bis zur „Himmels- pforte" folgt.

Nur Beispiel: Foto der „Himmelspforte",
ist in gleicher Art u. Größe als Werbung
für Traben-Trarbach, aufgebracht.

31

Kapitel 1.16:

„Himmelspforte-Blick" landete in Russland und kehrte nach Traben-Trarbach zurück

Wolfgang Wendhut,
„Wie klein ist doch die Welt!"
Kreisjahrbuch 2003, Seite 271, leicht gekürzt

„In Traben-Trarbach lebte eine Familie mit Namen Spoo. Vater Spoo belieferte mit seinem Tempo-Dreirad fast die ganze Stadt mit Frischmilch, Käse und Butter. Er hatte zwei Söhne, Wilhelm und Lambert, die beide im zweiten Weltkrieg als Soldaten kämpften.

Wilhelms Einheit war in Russland eingesetzt. Im Oktober 1941 kam sie bei Brjansk in ein Bauerndorf, in dem einige Tage Rast gemacht wurde. Auf der Suche nach Wasser betrat Wilhelm ein kleines Bauernhaus. An der Wand hing ein Gemälde.

Verwundert ging er näher, denn die Burg und die Flusslandschaft kamen ihm bekannt vor.

Sah er wirklich richtig?

Tatsächlich, es war die Grevenburg und sein Heimatstädtchen Traben-Trarbach.

Das Bild ließ ihn nicht in Ruhe. Einer seiner Kameraden konnte Russisch sprechen. Ihn nahm er in das Haus mit und ließ ihn fragen, woher das Bild stamme.

Die russischen Leute erzählten, dass der Großvater im ersten Weltkrieg nach Traben-Trarbach ins Gefangenenlager in der Schottstraße bei der Weinhandlung Carl Müller gekommen sei. Von dort habe er das Bild als Andenken nach Russland gebracht.

Zum Beweis bekam Wilhelm die Rückseite des Gemäldes gezeigt, auf der in kyrillischer Schrift die Widmung des Großvaters stand: „Zur Erinnerung der lieben Eudoxia Aropovina von Josch und Lini 1915, 1. März".

Man wurde sich schnell einig. Einige Dauerwürste und andere Lebensmittel wechselten die Besitzer und Wilhelm durfte das Bild mitnehmen.... „
Das Gemälde hängt seit einigen Jahren in der Wohnung von meinem Freund Wolfgang Wendhut. Sein verstorbener Bruder Helmut hatte es von Frau Spoo geschenkt bekommen.

Der russische Nagel hängt übrigens noch an einem dicken Faden an dem Gemälde.

Kapitel 1.17:

Protokoll-Gespräch in der Tourist-Information TT

Am 06. Dezember 2010 trafen sich Matthias Holzmann, Ingrid Ströher, Günter Oberle und Hubertus Schulze-Neuhoff (HSN). Letztere trugen den zwei ihre Ideen vor:
- – „Himmelsleiter" zur „Himmelspforte" über den Felsgrat
- – Barfußtage und sonstige Aktivitäten der Quellenfreunde seit 2006
- – Trinkwasseranlage und Fußbecken
- – Ausschilderung der Wanderwege zum Wildstein usw.

HSN erwähnte, dass schon vor ca. 40 Jahren die Idee eines Kurparks im Raum zwischen NALLA und Hotel Gräffsmühle zur Debatte stand. Günter Oberle setzte sich u.a. in flammender Rede ein für:
- – WWWWW" (= Wein, Wald, Wasser (kalt + thermal), Wandern, Wellness)
- – ein Kneipbad
- – einen Verbandsgemeinde übergreifenden Wanderweg
- – „sein Ikonenzentrum"

Erfreulich war dann am 09. Dezember im Beitrag „Fünfjahresplan für den Tourismus" von Winfried Simon im Trierischen Volksfreund über unseren neuen Verkehrsamtsleiter die Aussage zu lesen: *„Traben-Trarbach hat mit der Moseltherme ein Heilbad, und zwar in Bad Wildstein ....Eine Kurstadt Traben-Trarbach müsse über eine entsprechende Infrastruktur verfügen – beispielsweise über einen Kurpark".*
Wir hoffen, dass der Stadtrat und Beigeordnete, VG- Bürgermeister und Stadtbürgermeisterin diese Ideen auf den Weg bringen.

Kapitel 1.18:

„Burg-Eroberungs-Pfad" in Traben-Trarbach

In unserer Nachbarschaft an der Mosel gibt es für abenteuerliche Touristen, die klettern möchten, seit ein paar Jahren
- – den Bremmer Calmont
- – bei Mehring/Riol den Bergwanderweg
- – in Zell den Steillagen-Weg zum Collis-Turm
- – gegenüber von Erden den Steillagen-Wanderweg

Warum eigentlich in Traben-Trarbach noch nicht?

Wir, Erika und Otto Schmidt von der Litziger Lay, Günter Oberle und Hubertus Schulze-Neuhoff haben diese Empfehlung bereits am 22. November 2010 an die Stadt weitergegeben.
Wir gaben dem Pfad den Namen „Burg-Eroberungs-Pfad", der zum Panorama-Platz Himmelspforte führt. Diesen Namen gab mein Freund Günter Oberle.

Am 21. Juli 2012 tranken wir dort „Himmelspforte-Klosterbrause" der Klosterbrauerei Neuzelle. Eigentlich sollte es Bier sein.

Kapitel 1.19:

Projekt „Franzosensteig" zur Himmelspforte

„Ein historischer Wander- und Klettersteig vom Moselufer zur Hunsrückhöhe, mit hinreißenden Ausblicken auf die herrliche Mosellandschaft.

Immer mehr Orte an der Mosel eröffnen so genannte Klettersteige (z. B. Erden, Bremm, Zell und Mehring/Riol, siehe Vorbericht).

Angeregt durch die Wiederentdeckung von Teilen der so genannten Franzosentreppe (durch Wolfgang Wendhut und Hubertus Schulze-Neuhoff (HSN) in 2009), war die Idee eines Aufstiegs direkt vom Burghof hinauf zum Wanderweg nach Starkenburg in mehreren Sitzungen der „Gräfin-Loretta-Stiftung" zur Sprache gekommen.

Das Projekt „Franzosensteig" könnte seinen Anfang schon am Moselufer nehmen, ... am Hang entlang zum Kriegerdenkmal („Pastetenturm" „le paste", siehe „Disselnkötter, 1899, S. 18).
Nach Pause geht es weiter hinauf zum Schloss über die noch gut erhaltene, in den Fels gehauene „untere Franzosentreppe".... die Schaffung eines sicheren Aufstiegs durch das so genannte „Hohle Fass" (mittels einer Spindel- oder Wendeltreppe) hinauf zum weithin ersten sichtbaren Felsvorsprung („dos de chien") über dem Burghof.
Von dieser Plattform steigen wir dann über die in den Fels geschlagene „obere Franzosentreppe" hinauf zum zweiten Felsvorsprung (la roche, die „Himmelspforte"), von dem man einen herrlichen Blick über das Moseltal in Richtung Wolf (und zur Graacher Schanze und nach Starkenburg) genießen kann. Die Treppe hinauf zu dieser Plattform müssten durch Geländer und Handläufe gesichert werden. Von diesem wunderschönen Aussichtspunkt steigt man hinauf – weiter bis zu der Ausgrabungs- bzw. Schürfstelle der berühmten „Lanterne"".

Disselnkötter, S. 25 und 60: „Ein dem Herrn Fr. Vollmar-Trarbach gehöriger Plan der Belagerung 1734 gibt für die drei Werke über der Burg die Namen „le roquet (Schoßhündchen)", „la Martinet (Mauerschalbe)" und „la lanterne"". Die 3 Redouten wurden 1697 zerstört

Die Ergänzungen erfolgten durch Wolfgang Wendhut und HSN am 07.Dezember.2011.
Dr. H. Disselnkötter war Oberlehrer am Königlichen Gymnasium zu Trarbach und veröffentlichte im Jahr 1899 das Büchlein mit dem Titel „Die Grevenburg".

Zum Vergleich hier mein Schreiben (leicht gekürzt) vom 04. Juni 2009 an den Vorstand der Loretta-Stiftung zu Hd. Geschäftsführer Berthold Fuhrmann und Prof. Manfred Heuser sowie an Burgherrin Rita und Stadtbürgermeisterin Heide Pönnighaus.

„Bei der Einweihung der sechs neuen Schilder und der Übersichtstafel erwähnte Dipl.- Ing. Klaus Meckler, als wir am Parkplatz angelangt waren, daß man vielleicht an einen Aufgang auf das Plateau mittels Spindeltreppe denken könne. Daraufhin reagierte sofort Heimatfreund- und forscher Wolfgang Wendhut und erwähnte die Franzosentreppe, an die sich auch Monika Boor erinnern konnte. Ich habe den Aufstieg zur Treppe an dem Nachmittag des 28.Mai 2009 nicht gefunden, aber am Pfingstsamstag, 30. Mai. Da habe ich in der Früh ab 05.51 Uhr einen

Aufstieg freigelegt, auf dem man die „STEINBOCK-TOURISTEN",, lenken kann…. Belohnt wird man mit einem phantastischen Blick auf die Grevenburg, die Mosel, die Doppelstadt Traben-Trarbach und weiter bis Wolf und als Belohnung für meine Mühe fand ich dann auch die von Wolfgang Wendhut genannte „FRANZOSENTREPPE", die im oberen Teil bis ca. 1.5 m breite Fels-Stufen aufweist. Oben auf dem Plateau ist in den Fels eine breite Steinbank (mit „Fürstensitz" eingehauen…

Kapitel 1.20:

Himmelspforte, Grevenburg und Stadtschröter als „Juwel an der Mosel" im SWR-TV

http://www.swr.de/fmh//id=100722/did=8508606/pv=video/nid=100722/smlv1t/index.html

Das ist eine von mehreren Links, auf denen der Filmausschnitt zu sehen ist.

Da so eine Adresse im Buch nicht angeklickt werden kann, bitte bei Google oder in anderer Suchmaschine „SWR Fahr mal hin Traben-Trarbach Juwel" eingeben.

In diesem Film seht ihr Aufnahmen vom Dinner in luftiger Höhe. Ferner zeigen die Bilder, wie früher die vollen Weinfässer von den Schrötern aus den Kellern zur Verladung auf die Schiffe oder Pferdefuhrwerke geschrotet wurden (schroten = ziehen und schleifen). Ferner sieht man die zwei Pilger Helmut und Hubertus von der Himmelspforte über die Grevenburg zur Pilgerherberge von Ulrike Böcking auf dem Jakobsweg (Mosel Camino) wandern.

Die Fotos von Schrötermitglied Manfred Bäumler zeigen die Schröter beim Schroten mit Pferdefuhrwerk vor der früheren Weinkellerei Oscar Haussmann (heutige Besitzer: Elvira und Patrice Graziano) in der Rißbacher Straße.

Mehr über die Zunft der Stadtschröter und das Zunftweinfest

(Trabener Jakobstag mit Krönung der Stadtweinkönigin jeweils am letzten Juli-Wochenende):

www.stadtschroeter.de

www.stadtschroeter.de/jakobstag/de/

Bild 1:

Schroten des Wein
fasses aus dem Keller.

(Vorne die Stadtwein-
königin von 2011
Sophia Weise)

Bild 2:

Schröter beim Ver-
laden des Fasses auf
den Schrotwagen.

Bild 3:
Transport des Weinfasses mit dem Pferdefuhrwerk
(vorne rechts die Regisseurin Natascha Walter vom SWR)

Kapitel 1.21:

Die Himmelspforte bei "Ausonius Traben-Trarbach"

http://ausonius.com/index/index/id/89

Unter dieser Adresse sind diese zwei schönen Fotos zu finden:

Kapitel 1.22:

www - Panorama - Lifebilder von Traben-Trarbach

Vier Webcams zeigen die schönen Aussichten rund um Traben-Trarbach:

www.koevenig-webcam.de
www.webcam-starkenburg.de
www.mosel-webcams.de/de/
www.moseltor.de/de/webcam

Eine große Anzahl von Webcams finden sie hier
(u.a. Kövenig und Starkenburg): www.awekas.at/de/webcam.php

Webcam in Kövenig
von Rainer Josko mit Blick auf Enkirch

Webcam in Starkenburg mit Blick auf Traben und Mont Royal

Nebel im Moseltal und freie Sicht von Starkenburg über den Mont Royal bis zur Ürziger-Höhe und Krankenhaus Wittlich.

Fotos von der Himmelspforte, Litziger Lay, Stadtmühle, Buddha-Museum,
Starkenburg und u.a. Wolkenaufnahmen wurden/werden in die Bildergalerie
von SWR aufgenommen,
siehe im Internet in der Suchmaschine
"swr bildergalerie rp"
oder direkt:
http://galerieverwaltung.cyne.de/ShowGallery.action?galleryId=33
„Bildergalerie, wir suchen die schönsten Wetterbilder", steht dort zu lesen.

Kapitel 1.23:

Das schwedische Geschütz auf der Ruine Grevenburg

http://www.roscheiderhof.de/kulturdb./client/einObjekt.php?id=19088

Grevenburg - Schwedisches Geschütz

Beschreibung

„Gravur auf dem Geschütz: PrLad 2 1/2 4x, XXVII und IV - FINSPONG 1834 Finspång ist eine Stadt in der schwedischen Provinz Östergötlands län und der historischen Provinz Östergötland. Der Hauptort der Gemeinde Finspång gewann 1580 an Bedeutung, als König Johann III. den Holländer Wellam de Wijk beauftragte, im Ort Kanonen und dazugehörige Kugeln für das schwedische Militär zu produzieren. Diese Produktion wurde über die nächsten 300 Jahre unter Leitung des belgischen Adelsgeschlechts de Geer fortgesetzt.

Auch heute ist die Stahlindustrie der wichtigste Wirtschaftszweig in Finspång.

Finspångs styckebruk war ein schwedischer Rüstungshersteller in Finspång. Die Firma wurde Mitte der 1500er Jahre als Eisengießerei in der historischen Provinz Östergötland gegründet und begann ab 1580 mit einer begrenzten Herstellung von Kanonen. Von der Mitte des 17. bis Mitte des 19. Jahrhunderts war Finspångs styckebruk der größte schwedische Exporteur von Kanonen".

http://www.litzigerlay.de/geschichte/geschich/grevenb/prof_diesel_/4.html

Kapitel 1.24:

Der Jakobsweg von Frankfurt/Main nach Santiago

In „die Kalebasse 42" (Juli 2007, St. Jakobus Bruderschaft Düsseldorf) mit u.a. zwei Beiträgen von Berthold Staudt (die Ausoniusstraße S. 62 ff) und Uwe Anhäuser (Jakobusverehrung an der Ausoniusstraße S. 70 ff). Zusätzlich folgende Sätze von ihm als persönliche Mail:

„Vom Frankfurter Kompostell brach im Sommer 1072 eine elitäre Reisegruppe von fünf Bischöfen und Äbten aus Minden, Fulda und Mainz zu der gut viermonatigen Wallfahrt ins 2.000 Kilometer entfernte Santiago de Compostela auf..... Den geistlichen Herren schloss sich Gräfin Richardis von Sponheim an, die im September desselben Jahres als erste Wallfahrerin mit vollem Namen ins Pilgerverzeichnis eingetragen wurde".
http://www.kreisdekanat-steinfurt.de/?q=node/8

„Der erste namentlich bekannte Pilger ist ein deutscher erblindeter Kleriker,..... Die Erwähnung dieser Pilgerfahrt in einem Text aus dem Kloster Reichenau lässt sich auf ungefähr 930 datieren. .... Um 1065 kam die Gräfin Richardis von Sponheim und der aus Trier stammende blinde Kleriker...
Weitere Informationen dazu in: www.pilgerbibliothek.de

„1072: König Alfonso VI. von Kastilien-León überträgt das Hospital von O´Cebreiro der Benediktinerabtei Saint-Géraud in Aurillac. Als erste namentlich bekannte Pilgerin aus Deutschland kommt Gräfin Ida von Sponheim zum Grab des Apostels Jakobus. Bis Cluny wird sie von dem Mainzer Erzbischof Siegfried I. begleitet. In Trier führt die Vision des blinden Jakobspilgers Fulbert zur Auffindung von Märtyrerreliquien der thebäischen Legion an der Stiftskirche St. Paulin".
Gräfin Richardis von Sponheim oder Ida von Sponheim ?. Was stimmt davon ?.

Kapitel 1.25:

Links zum Mosel-Camino

Etappen 4 und 5, von Bullay bis Traben-Trarbach und weiter nach Monzel bzw. Klausen, findet man hier:
1. Link, „Mosel-Camino" in: http://www.wanderkompass.de/pilgerweg/deutschland/pilgerwege-deutschland.html
2. Link, Mosel-Navigator, Touren 1-15 (Stand 25.09.2012) in: www.traben-trarbach.de
sehr gut: 3D-Flug der Wanderwege rund um Traben-Trarbach und die zwei Etappen des Mosel-Camino
3. Link: http://www.mosel-camino.de/
4. Link, Cochem - TT: www.youtube.com/watch?v=RdsJ7kRYDFQ
5. Link, Traben-Trarbach - Neumagen: Youtube Teil 2 zum Thema
6. Link: www.outdooractive.com/de/suche/?q=mosel-camino#axzz22krSpYju

Bücher von inzwischen Vielen zum Thema: Jakobsweg
http://www.bod.de/index.php?id=296&objk_id=107572
·Karl-Josef Schäfer und Wolfgang Welter: Ein Jakobsweg von Koblenz-Stolzenfels nach Trier, BoD-Verlag
Manolo Link: „Ein neues Leben auf dem Jakobsweg" Wiesenburg-Verlag, 2. Auflage 2010
Karl-Heinz-Jung: OUTDOOR, Mosel-Camino, 1. Auflage 2012

Kapitel 1.26:

Das „HSN-Stein-und Schanzenbuch" 2005 bei BoD

Klappentext

„Die Mittelmoselregion (und nähere und fernere Umgebung) bietet viele Sehenswürdigkeiten: Menhire (Hinkelsteine), Dolmen, Fels-Kanzeln, Relikte von "Jupitergigantensäulen" mit "Viergöttersteinen", "Teufelssteine", "steinerne Schlange", Schanzen bei Wolf, Trarbach und Graach aus der Zeit um 1795 und keltische "Viereck-Schanzen".

Auf "Mittelmosel-Schanzen- und 2 "Menhir-Touren" können Sie zu Fuß oder mit Bus in jedem Frühjahr in und um Traben-Trarbach o.a. Sehenswürdigkeiten entdecken. Genaue Infos bekommen Sie in www.wikiwetter.de unter den Stichworten "Sehenswertes" und "Wandern". Außer der jährlich 1 x geführten "Schiffs-Weinlagen- Schanzen-Tour" für Wanderer und den zwei "Menhir-Bus-Touren" haben der Bürgerverein Wolf und die Gemeinde Graach (zwischen Traben-Trarbach und Bernkastel-Kues) "Schanzenwege" ausgeschildert und beschrieben. Nähere Infos bekommen Sie in den Verkehrsbüros. Ferner bietet die Mosel natürlich auch guten Wein und berauschende Panoramablicke, u.a auf die 7 Moselschleifen zwischen Trier und Cochem. Aber auch in meiner alten Heimat, im Eggegebirge, gibt es viele Opfersteine, Steinreihen, eine "Karls-Schanze" und natürlich die berühmten Externsteine. All das gibt es in dem Buch zu lesen. Vorwort und Weiteres stammt von Frau Marlene Bollig aus Trittenheim. Dank an alle Beteiligte, u.a. an BoD.

Kapitel 1.27:

Barfußtage in Traben-Trarbach 2010, 2011 und 2012

Zieht aus, eure Schuh...

Im August 2006 gründete sich in Traben-Trarbach der "Freundeskreis Quellenfreunde".
Die 18 Männer und Frauen haben bereits einige bemerkenswerte Projekte realisiert, unter
anderem ein Fußbade-Becken und eine Trinkwasser-Zapfstelle am Thermalstollen. Das nächste Vorhaben ist eine Nummer größer: Die Quellenfreunde planen einen Barfußpfad ...
Das war der Bericht, Trierischer Volksfreund vom 29. Juni 2009:
http://www.volksfreund.de/nachrichten/region/mosel/aktuell/Heute-in-der-Mosel-Zeitung-Zieht-aus-eure-
Schuh;art671,2126373

Am 04. und 11. September 2010 fanden die ersten zwei Barfußtage statt. Über diese habe
ich in meinem Buch " Klimawandel alle 30 bis 40 Jahre" im Jahr 2011 berichtet:
https://ssl.lit-on.de/v/artikel/klimawandel-alle-30-bis-40-jahre/
Ohne Vorankündigung ging der dritte Barfuß-Tag in Traben-Trarbach zu Ende. Die Eltern des
Kindergartens (Rappelkiste) in Trarbach hatten sich auf Empfehlung des Elternbeirats einge-
funden, um barfüßig einen Sonnentag zu erleben.
14 Erwachsene und 16 Kinder gingen auf die geführte Barfuß-Tour, vom Minigolfplatz durch
den Kautenbach, über das HSN-Privatgelände und dann entlang der Wildbadstraße bis zum
Verpflegungspunkt am Hotel Jungenwald, wo Kaffee, Kuchen und andere Getränke durch die
Chefin gereicht wurden.

Entlang der Strecke konnten die Teilnehmerfüße an mehreren Stationen erleben, wie es sich
anfühlt, auf verschiedenen Unterlagen wie u.a. Glasscherben, Maisgranulat, Götterspeise,
Tannenzapfen und Quarzsand zu laufen. „Es war ein Riesenspaß", so Marcus und Barbara
Herold.
Abschluss war am Hochbehälter NALLA, wo im lauwarmen Thermalwasser die Füße gewa-
schen und das Trinkwasser probiert wurde. Einige Kinder fanden dies so cool, dass es sie mit
den Eltern zum Kautenbach zurückzog, um das Abenteuer nochmals zu erleben.

Die Fotos zeigen die Teilnehmer beim Barfuß-Vergnügen:

Zwei weitere Barfußtage fanden am 03. und 04. September 2011 in meiner alten Heimat im
Eggegebirge / Teutoburger Wald statt (in Kleinenberg und in Bonenburg auf dem Gelände der
Gärtnerei Graute).

Weitere Barfußtage Nr. 4 und 5 gab es in Traben-Trarbach am 02. Juni und 08. September
2012. Der neu angelegte Teich (mit Skulptur) vor dem Wanderhotel Jungenwald wurde am 02.
Juni eingeweiht. Von dort ging es am Hochbehälter NALLA vorbei (nach kleiner Erfrischung mit
dem guten Thermalwasser) zum neuen Eingang der bemoosten „Elfenwelt" (steinernem
Löwen, Wildstein mit Dino/Kröte, Frosch, Teddy, Ferkel, Felsenmensch, Katakombe, Uhufels
usw).
Den Bericht über den Barfuß-Elfentag vom 08. September 2012 finden Sie im Kapitel 1.2.

Kapitel 1.28:

Nochmals Himmelspforte (Bernd Nitsche, Celle)

Mail vom 18.08.2010:

"Nie zuvor gesehen: Grandioser Blick von Trarbacher Himmelspforte"

Es war im Juli 2010, zum x-ten Male war ich mit meiner Frau in Traben-Trarbach, wo ich 1964 meine Bundeswehrzeit bei der NALLA leistete und ein unvergessliches Jahr als Fußballer in der 1. Mannschaft des FC erlebte.
Um ein Haar wäre ich für immer geblieben, doch es kam beruflich anders.
Die Liebe aber zur Mosel - und ganz besonders zu Traben-Trarbach und Enkirch - die blieb bis heute. Einige Hundert (!) habe ich mit diesem "Mittelmosel-Virus" bei uns in der Lüneburger Heide in den letzten Jahren infiziert! Durch die vom FC Traben-Trarbach veranstalteten Jugendturniere ... und den aus Freude und Begeisterung der Jungen folgenden privaten Urlaube der Eltern!
Längst teilt meine Frau Helga die Liebe zur Mosel. Als wir im Juli 2010 wieder in der "2. Heimat" waren, staunten wir nicht schlecht, als wir das Foto von der Himmelspforte im Schaufenster entdeckten. Diese "Himmelspforte" kannten wir noch nicht. Also hin. Schnell gefunden: die Schottstraße hoch, dann Richtung Grevenburg, ein bisschen gerätselt, Auto geparkt, dann auf Erkundungstour.
Nach 10 Minuten Belohnung mit dem unglaublich schönen Ausblick auf Traben-Trarbach, oberhalb der Burg-Ruine.
Meine Frau und ich standen minutenlang da und haben diese noch nie erlebte Aussicht genossen. Das ist ein neues touristisches Highlight für Traben-Trarbach.
Der knapp 100 Meter lange Pfad von der Straße zum "Aussichtsfelsen" müsste nur abgesichert werden .... Aber das kostet nicht "die Welt". Man muss nur "wollen".

Mit herzlichen Grüßen aus Celle /Lüneburger Heide, Bernd Nitsche"

Vermerk des Autors:
- Die Absicherung wurde 2011 vorgenommen.
- Bernd Nitsche verstarb im Oktober 2012

Kapitel 1.29:

Kultplätze im Eggegebirge (südl. TeutoburgerWald)

Steinfunde aus den Jahren 2006 - 2012
im Raum Lichtenau - Kleinenberg - Hardehausen und Willebadessen

von Hubertus Schulze-Neuhoff und Heinrich K. Hillebrand
Protokoll über unsere Forschung mit vielen „sensationellen" Funden

Anschrift des Verfassers:

Alte Heimat: Kleinenberg bei Paderborn im EGGEGEBIRGE, Bruchstrasse
Neue Heimat: 56843 Traben-Trarbach (Starkenburg), Schloßstr. 27
                         Email: HSN-wetter@web.de
                         Alte Homepage: www.wikiwetter.de
                         Ordner Wetter I – III, Sehenswertes I-III, Sonnenwetter I-IV,
                         Wetterfotos, Polarwirbel, Wandern I-II, Kaltwinter
                         Neue Homepage:
                         Wettermeldungsforum (HSN`s Wetterblog) in www.awekas.a
                         10497 Beiträge, 7127 Themen am 18.09.2012

Meine Vita:

Im Jahre 1979 wurde ich als Diplom-Meteorologe dienstlich nach Traben-Trarbach (TT) an die Mosel versetzt. Bei meinem Hobby, der Archäologie, bin ich oft in den Wäldern Wege gegangen, welche die Allgemeinheit nicht geht. Nur so stößt man auf alte Relikte der Vergangenheit. Dabei stieß ich auf den Höhen über der Moselwein-Region von Traben-Trarbach im Jahre 1999 auf die „Schwedenschanze", meinem ersten Forschungsobjekt.

11 Schanzentouren führte ich ab 2000 bis 2008 durch, die letzte im Juni 2008 von den Schanzen bei Longkamp ins Thermalgebiet der „Trarbacher Schweiz". Inzwischen hatte ich mich auch für Menhire an der Mittelmosel interessiert, und in Enkirch (federführend Frank Schütz) entdeckten wir Steinreihen, deren Bedeutung noch nicht feststeht.

Mein Vater war Forstamtmann in Bonenburg (1947-1965) und Kleinenberg (1965 ff, Tod in 1987). Ausgangspunkt meiner / unserer „Forschung" in meiner alten Heimat war ein Gespräch im Hotel ENGEMANN im Frühjahr 2006 mit Harald Temme aus Kleinenberg. Ich erzählte ihm von meinem Buch „ Von Stein zu Stein, von Schanze zu Schanze" im Verlag von www.bod.de „Wir haben auch einen Menhir in Kleinenberg", war seine Antwort. Und so fand ich die „Bülheim'sche Großmutter" mit dem eingravierten Jahr 1707, dank der Hilfe von Peter Bruckmann.

Gedächtnis-Protokolle (gekürzt) 2006 - 2012:

12. 07. 2006:

Herr Dr. Gert Meier aus Köln (Ehrenmitglied des Forschungskreises Externsteine e.V. Horn-Bad Meinberg) mit mir zum Großmutter-Menhir mit Wappen und Kreuz. An diesem Tag zeigte ich Herrn Dr. Meier auch den Kultplatz „OPFERSTEIN" an den Klippen nach Hardehausen hin. Dr. Meier (und später Herr Stefan Hövel ebenfalls vom Forschungskreis Externsteine) fanden

Relikte aus alter Zeit, die bis dahin noch unbekannt waren.

Dr. Meier entdeckte dort u.a. den Löwen, den Dolmen, den Mörserstein und Anderes. Ich erfuhr von den Einheimischen, Ortsheimatpfleger Hans-Günter Borgmeier, Alois Weise, Ferdi Bunte, Wolfgang Temme, Bernhard Hagelüken, von Heinz & Ursula Dickgreber Unterstützung. Ich erfuhr vom „Opa- und Enkel-Menhir" und ca. 60 Grenzsteinen des früheren „Hardehauser Landes" (Entdecker Horst Brauckmann).

22.-23. 06. 2007:

Erste Karlsschanzen-Tour und durch meine Anregung „300-Jahr-Grenzstein-Veranstaltung", im Alleingang von Landvolkshochschule, Forstamt, Stiftung Kleinenberg und Horst Braukmann ausgerichtet. Ich stiftete Moselwein zur Feier. Weitere Exkursionen folgten von Dr. Meier. Mit dabei u.a. Stefan Hövel (Köln), Elke Moll (Rheingau) (Forschungskreis Externsteine), Jürgen Mische (Detmold) (Forschungskreis Externsteine), Andreas Michels (Warburg), Heribert Meiners (Stadtheimatpfleger Willebadessen), Heinrich K. Hillebrand (Orts- und Stadtpfleger der Stadt Lichtenau) und Ortsheimatpfleger Willi Sasse (Willebadessen).

Willi Sasse zeigte uns die Teufelssteine, nach Hinweis von Baron von Wrede. Diese drei Steine sind inzwischen vermessen und vom Moos gereinigt (durch Franz-Josef Viech & Lothar Tischer und mich). Außerdem fanden wir u.a. Sitz- & Tiersteine und Einkerbungen (Markierungen) sowohl am Kultplatz Klippen Hardehausen als auch nahe der Gertrudenkammer / Fauler Jäger / Karlsschanze.

28. 04. 2008: II. Exkursion,

Teilnehmer: Heinrich-Karl Hillebrand (ehemaliger Stadtheimatpfleger aus Lichtenau und Beauftragter für Bodenaltertümer der Stadt Lichtenau, 1.Vors. des Förderkreises für Heimat- geschichte und Naturkunde der Stadt), Herbert Meiners (Stadtheimatpfleger aus Willebaden) Willi Sasse (Ortsheimatpfleger Willebadessen) Johannes Füller (Willebadessen) und Hubertus Schulze-Neuhoff (HSN).

28.06.2008:

Auf Empfehlung von Dr. Meier und Einladung durch HSN gingen der langjährige Schalenstein-Forscher Walter Knaus aus dem Elsaß und Hildegard Nack aus OWL (Forschungskreis Externsteine) auf Forschungstour zur Karlsschanze (= ehemalige BEHMBURG) –Gertrudens-stein/Drudenhöhle (Opferstein) - „Fauler Jäger". Frau Nack fand den „Schlangenstein" (nach Dr. Meier) „Himmelsstein" (nach dem langjährigen Megalith-Forscher Dr. Andis Kaulins). Dr. Gert Meier: Köln mailte: „Ohne Ihre Führung zur Behmburg (Karlsschanze) wären wir nie auf den 9. Meridian gestoßen und ohne unsere Exkursion mit der Entdeckung des megalithischen Platzes (Schläfer von Kleinenberg etc.) nie auf die Burgenlinie Iburg – Behmburg – Stadtallendorf – Homberg/Ohm – Nidda – Glauburg - Kahl am Main".

14 .07. 2008:

Walter Knaus:„Deine tatkräftige Mithilfe möchte ich hier nochmals in aller Form verdanken, ich wüsste sonst nicht einmal, wo Kleinenberg liegt und dass es dort Steine gibt: Grenzsteine, Opferstein, Menhire, Schalensteine, ein ganzes Revier und es war sicher eine wichtige Kultgegend".

24. 07. 2008:
Ich fand im Internet den „Mörserstein" von Falera mit 28 cm Schalendurchmesser (ähnlich dem Kleinenberger Mörserstein).

10. 08. 2008:
Mit Rechtsanwalt Jürgen Mische und Frau Prof. Dr. Renate Genth fanden wir den „HUBER-TUSSTEIN" (= Schlangenstein II).

20. 08. 2008:
Anfrage von HSN an Jürgen Mische, ob wir die „Funde des Jahrtausends" offiziell melden müssen ?

31. 08. 2008:
Jürgen Mische +Sohn Harald + Hildegard Nack im „Alleingang mit Chefarchäologe für Westfalen-Lippe (Dienstsitz Bielefeld), Herrn Dr. Daniel Bérenger zum "Hildegard-,"Hubertus- und Sonnenstein (letzterer von Frau Dr. Genth entdeckt).

25. 09. 2008:
Meine Führung zum „Hubertusstein" für Heribert Meiners, Willi Sasse und Wanderführer Lothar Tischer. Letzterer entdeckte den „Vier-Gesichter- = Löwenstein" nach Andis Kaulins

18. 10. 2008:
Treffen Andis Kaulins & Martha Walker, Dr. Gert Meier & Ex-Frau Ingrid in Traben-Trarbach. Ersterwähnter hat auf seiner Reise nach Skandinavien 1977 die Felszeich- nungen von Tanum erstmals gesehen (Anfang seiner Forschungsjagd nach Deutung von Felszeichnungen, Höhlenmalereien, Megalithen und megalithischen Kulturen).

08. 11. 2008:
Heinrich K: Hillebrand erfährt von mir von den drei letzten Funden zwischen Kleinenberg und Willebadessen. Mit Überreichung des Bildbands von Lichtenau, u.a. mit der Sage über die Bülheim'sche Großmutter, versuchten wir vergeblich, Kontakt zu Herrn Dr. Daniel Bérenger herzustellen.

19. 11. 2008:
Expertise von Andis Kaulins über die drei „Himmelssteine von Kleinenberg".

02. 12. 2008:
Franz-Josef Fiech, Lothar Tischer und HSN haben die Lage der Steine vermessen und Kartenmaterial in Peckelsheim besorgt.

02. 03. 2009: Dr. Gert Meier:
„Welch ein historisch unterschätztes Gebiet, das der Marser; welch glorreiche Vergangenheit muss diese Gegend gehabt haben.
Wir suchen den Hain der Tanfana, der laut „Tacitus" im Gebiet der Marser lag.
Die wunderschöne Gegend zwischen Lichtenau und Willebadessen hat sich bisher unter Wert verkauft! ...

Eine der Stationen ist die Behmburg. Zur Anlage um die Behmburg könnte die Nethequelle von Neu(n)Heerse gehören, der Michaelsborn, die Sieben Quellen, der „Himmelsgucker", die Himmelsteine, die von Herrn Knaus gefundenen Schalensteine, die Teufelsteine, die Richtungssteine".

06. 03. 2009:
Abhandlung Dr. Meier über die Schlangengöttin Neith.

26. 03. 2009:
Heinrich K. Hillebrand feierte seinen 70. Geburtstag. Aus diesem Anlass erstellte Dr. Gert Meier die Festschrift: „Die kretische Schlangengöttin: Die Göttin Nethe ?"

29. 03. 2009:
Exkursion HSN, Dr. Meier, Elke Moll und Stefan Hövel zu den drei Himmelsteinen, Fund eines Vierten (Wannenstein).

15. 04. 2009:
Dr. Meier, etwas verkürzt:
„Es hat im südlichen Eggegebirge zwei Quellheiligtümer gegeben. Die Nethequelle am Nethegarten in Neu(n)Heerse war das Reich der Frau Nethe; Die 7 Quellen östlich der Gertrudskammer gehörten zum Reich der Frau Helle/Holle. Der Müttkult muss in Willebadessen - der Ort gibt den Namen der Mondgöttin Wille/Bille wieder - in vorgermanischen Zeiten eine große Rolle gespielt haben. Mit der Christianisierung kamen Leute, die versuchten, die Erinnerung an den alten Kult auszulöschen. Aus Götterbergen wurden Köterber- ge, aus dem Frauenberg nördlich der Quelle wurde ein Hexenberg, aus Sonnensteinen, von denen aus der Sonnenaufgang beobachtet wurde, wurden Teufelssteine, aus dem Gebiet der Frau Helle/Holle wurde die Hölle. HSN: Nur der Hellebach überlebte.

03. 10. 2009:
Dr. Gert Meier, 21 Textseiten, Funde Kleinenberg

09. u. 10. 12. 2009:
Exkursionen zu den Opfersteinen von Kleinenberg

02. 03. 2010:
Präsentation der Fundobjekte im Rathaus Lichtenau durch Heinrich K. Hillebrand (Organisator der Ausstellung). Dazu stellte Dr. Gert Meier das Buch vor: „Das Kleinenberg System – Frühgeschichtliche Funde im Stammesgebiet der alten Marser" (2. Auflage 2009, Seiten 45 bis 69).

12. 11. 2010:
Exkursion [Nr. 17] zum Kultplatz „Opferstein" bei Kleinenberg; Teilnehmer Jürgen Mische, Achim Lüke und HSN. Anschließendes Treffen in der Postklause mit Heinrich Hillebrand (Entdecker der Gesichterwand), Rainer Sander und Petra Baumgart.
Folgende Vermessungen wurden von uns vorgenommen und beziehen sich auf den „Opferstein", heute Falkenstein genannt:

1.   Wächterstein I, Abstand 28 m
2.   Kröte (Padde), Abstand 21 m
3.   Quelle, Abstand 23 m
4.   Schlangenstein I
5.   Dolmen, Abstand 22 m
6.   Ablagestein für Opfergaben mit Schlangenbild II, Abstand 15 m
7.   Schlangenstein III, Abstand 15 m
8-10.   drei „Wannensteine" im Abstand von 19 – 20 m
11.   „Echsenmaul", Abstand 25.5 m
12.   Sitz- und Heilstein = Beobachtungsstein, Abstand 46 m
13-14. zwei Gnome, Abstand 42 m
15.   Löwe [oder Seelöwe, Hund], Abstand 46 m
16.   Säule, von Jürgen Mische entdeckt, Abstand 43 m
17.   Heilstein [nähe Löwe Nr. 15], Abstand 46 m
18.   Wächterstein am Ausgang Ost, Abstand 66 m
19.   Gesichterwand [muss noch vermessen werden]

Weitere Steine bis zu diesem Zeitpunkt entdeckt:
Der Sitzstein am unteren Ende des Mickenpatts, der Mörserstein in der Nachbarschaft, die „Bülheim'sche Großmutter" und die „Phallus- und Scheidesteine". Letztere liegen am Europa-Wanderweg E1 (ca. 400 vom Kultplatz „Opferstein" nach Westen in Richtung „Mickenpatt", im Frühjahr 2010 entdeckt). Der eine Stein besitzt geheimnisvolle Einkerbungen (wie eine Hasenspur) unter einer Schicht Heidekraut.

28. 12. 2010:
Treffen HSN, Sohn Jörg und Heinrich Hillebrand mit WDR Redakteur Michael Blaschke im Studio Bielefeld. Aufmerksam gemacht durch Presseberichte über die gelungene Präsentation in Lichtenau bezüglich Kultplatz „Opferstein" kam es durch H. K. Hillebrand zu ersten telefonischen Kontakten und Schriftwechsel mit dem WDR-Redakteur im März 2010.
HSN und Hillebrand erklärten Herrn Blaschke die vielen archäologischen Funde, die bestimmt das Interesse der Zuschauer wecken dürften. Herr Blaschke wollte nur zwei Personen vor die Kamera bringen und bevorzugte im Interesse der Zuschauer die einheimischen Hobbyforscher.

02. 03. 2011:
Filmdreharbeiten an den Hardehauser Klippen bei Kleinenberg. Teilnehmer: Petra Baumgart TANFANA, Jürgen Mische, HSN (Heinrich Hillebrand war wegen Krankheit verhindert).

14. 03. 2011:
Ausstrahlung des Filmbeitrages in der WDR- Lokalzeit.
Quelle: http://www.myvideo.de/watch/8045516/Kultplatz_Opferstein

02. 06 . 2011:
Heinrich & Wilhelmine Hillebrand machen mit HSN eine weitere Exkursion zu den Sehenswürdigkeiten in der Nähe des so genannten „Mickenpatt" (nähe Kultplatz Opferstein, am E1).

01. 09. 2011:
Exkursion zum Kultplatz „Opferstein" bei Kleinenberg. Teilnehmer: Jürgen Mische, Achim Lüke und HSN. Folgende Objekte wurden aufgesucht, radiästhetische vermessen und fotografiert:
- Geschlechter- bzw. Sessel-/Sofastein (östlich vom Mickenpatt)
- Hasenspurstein (östlich vom Mickenpatt)
- Aussichtsstein (westlich vom Mickenpatt)

03. 06. 2011:
Heinrich und Wilhelmine Hillebrand begleiten HSN auf dem E1 zu den vier Sehenswürdigkeiten („Kanzel oberhalb des Opfersteins", „Geschlechter- und „Hasenspur-Stein" und „Kanzel Mickenpatt").

18. 05. 2012:
Exkursion zu den Opfersteinen und zum Mickenpatt, Teilnehmer u.a. Ulrich Gläser und HSN. Ulrich Gläser vermaß den Steinsessel, stellte Bearbeitungsspuren fest. Weiter gingen wir zum neu benannten „Dreibänkestein" (ehemals „Scheidestein"). Dort sichteten wir die Sensation des Jahres 2012, die Schlange, die Kröte (größte und besterhaltene „Padde") und „Yin-Yang-Stein", siehe Fotos Seite 54.

19. u. 20. 08. 2012:
Wir entdeckten zusätzlich einen Liegestein (Heilstein ?) am Kultplatz II, Kultplatz I ist der Opfersteinplatz.

03. 09. 2012:
End-Protokoll von Ulrich Gläser Betreff 18.05.2012.

14. 09. 2012:
Mail von Dr. Gert Meier (leicht korrigiert):
„Lieber HSN, zu Ihrer großartigen Entdeckung des so genannten "Geschlechtersteines" möchte ich Ihnen gratulieren. Es ist Ihnen gelungen, mindestens drei wichtige Stätten frühgeschichtlichen menschlichen Wirkens in den Beobachtungskreis kritischer Intelligenz zu rücken:
- den Opferplatz von Kleinenberg (Kultplatz 1)
- den "kosmische Ventilator" vom Mickenpad (Kultplatz 2)
- das Helletal in Willebadessen (Kultplatz 3)
Was haben wir in den Wäldern gefunden ? Einen Hubertus-, Hildegard-und Lothar-Stein - Steine mit der Abbildung von Schlangen, jede Menge Kröten.... Eine Kröte und eine Schlange. Und was symbolisieren diese? Fruchtbarkeit (Kröte) und Weisheit (Schlange). Und was geben die beiden Steine? Den Schlüssel für die Deutung des "Geschlechtersteines".
Ihre Hartnäckigkeit, die auch von anderen bewundert wird, gleicht
Manches aus: Sie haben sich mehrfach um die Entschlüsselung der Frühgeschichte Alteuropas verdient gemacht".

24. 10. 2012:
Exkursion zu den Kultplätzen I und II der Hardehauser Klippen. Leitung Dr. Gert Meier, Köln und Ulrich Gläser, Altenkirchen.
gez. fürs Protokoll: Heinrich Hillebrand und Hubertus Schulze-Neuhoff

Kröte
(rechter Schenkel
und Kopf gut sichtbar)

Schlangenkopf auf dem Felsmassiv

Schlange und Kröte waren
in der Vorzeit
Fruchtbarkeits-Symbole.
Die Padde oder Pèdde,
der Niederdeutsche Name
einer Kröte;
von pedden =
treten (siehe Internet)

„Yin-Yang" (durch Spalt getrennt, gemeinsames Herz ?)

Teil II: Wetter und Klima

Kapitel 2.1:

Das Kältehoch COOPER-DIETER

Die COOPER-DIETER-Wetterlage vom 24. Januar bis 6. Februar 2012 hat es wieder einmal gezeigt, dass der NAO-Index dieses Wetterphänomen nicht erklären kann.

Der NAO = Nord-Atlantik-Oszillations-Index betrachtet die Luftdrucksituation zwischen entweder Azoren und Island, oder Lissabon und Island. Liegt das Hoch (im Normalfall) vor der Küste Portugals und ist das Island-Tief gut ausgeprägt, dann ist der NAO-Index positiv.

Liegt aber im Raum Island ein Hoch über einem Tief im Süden, dann ist der NAO-Index negativ und an der Ostseite strömt polare Kaltluft nach Europa ein.

Ab 24. Januar 2012 entwickelte sich Hoch COOPER mit 1045 - 1060 hPa.

Der NAO-Index blieb dadurch positiv, man müsste daher die Zirkulation in diesem Fall zwischen Rom und Helsinki betrachten. Noch besser, so habe ich schon vor Jahren empfohlen, nimmt man nicht eine fest vorgegebene Strecke, sondern betrachtet den jeweiligen Höchstwert des Luftdrucks nördlich 50° N über "NordAtlantik-Ost und Europa". Ich nannte den Index daher NAEU.

Liegt der höchste Luftdruck südlich 50° N, dann ist der NAEU positiv. Liegen die Hochdruckgebiete nördlich 50° N, wie es bei COOPER und DIETER der Fall war, so ist der Index negativ.

Durch die Zufuhr kontinentaler Kaltluft aus Osten wurde es nicht nur an der Mittelmosel ab 1. bis 7. Februar extrem kalt (bis zu -17° C).

Im Folgenden die Wetterkarten dazu:

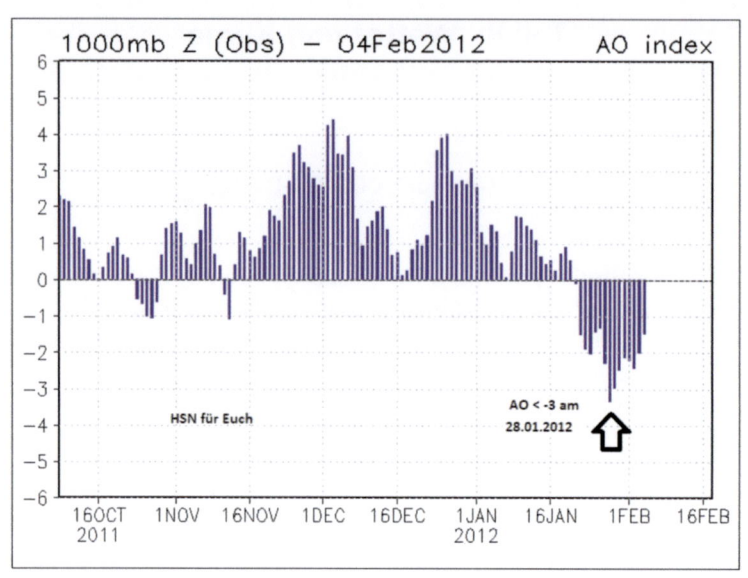

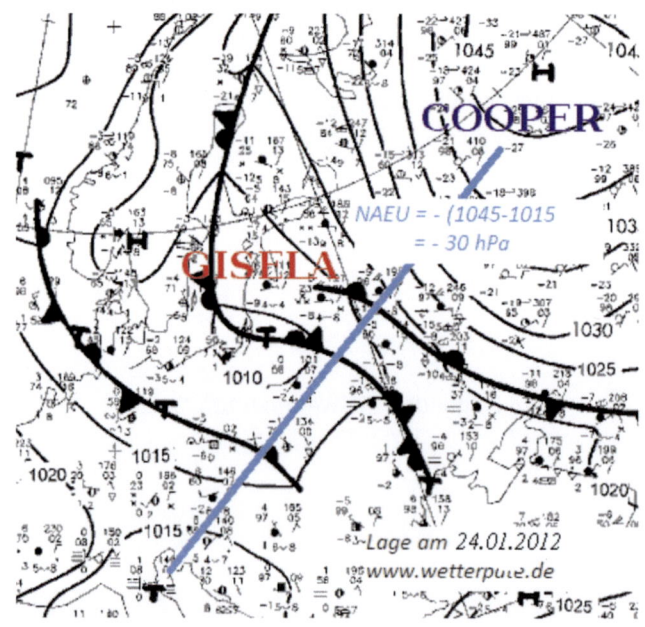

Quelle: u.a. : www.wetterpate.de (beschriftet von HSN)

Blick von Starkenburg nach Enkirch und Traben-Trarbach

Die Eisbilder zeigen „die weiße Mosel" am 12. Februar 2012.

Blick von der Himmelspforte bzw. vom Wanderweg zur ehemaligen Bismarck-hütte. Zuletzt war die Mosel im Jahr 1997 so stark zugefroren (im Januar 2009 nur teilweise).

Das rechte Foto wurde am 13. 02. 2012 in der Landesschau-Wetterkarte des SWR gezeigt.
Zu finden:
http://galerieverwaltung.cyne.de/ShowGallery.ac tion?galleryID=33

Quelle der Monatskarten: www.dwd.de

Kapitel 2.2:

Langfristgedanken zum Winter 2011/12 von Hubertus

Folgende Gedanken veröffentlichte ich am 25. Oktober 2011 in:
www.awekas.at (Wettermeldungsforum/HSN`s Wetterblog)
und
www.wetter-board.de (Langfristprognosen).

„Langfristgedanken zum Winter 2011/12, 4. Winter von den letzten 6 kalt? (wegen mildem Oktober):

Liebe Wetter- und Klimafreunde,

heute habe ich mir die Monatskarte der Abweichungen der absoluten Topografie 500 hPa angeschaut, da schlägt sich im September das starke polnahe Hochdruckgebiet nieder, es hat plus 14 gpdm Abweichung über Sibirien gebracht (siehe Abb. 5 in Kap. 2.1). Nun entwickelt sich ein ähnlich starkes polnahes Hoch, "das ULLA-OMEGA-Hoch" mausert sich ebenfalls zu einem Blockhoch, diesmal also im Oktober schon weiter westwärts als im September. Wenn man das so weiterbeschaut in Gedanken, dann wissen manche von uns aus Erfahrung, dass Blockierung zu Blockierung kommt, ähnlich wie die Matthäustag-Regel vom 21. September die drei Blockhochs zuwege brachte. Also danach könnte die Blockhochserie weitergehen....

Da erinnere ich mich an die BAUR-Wetterregel, die da sagt: **Je wärmer der Oktober (durch die meridionalen Südlagen), umso kälter der Winter....** Ist der Oktober um mindestens 1,5 Grad zu kalt, dann wird der Winter mit 70% Wahrscheinlichkeit zu warm ausfallen! Ist der Oktober dagegen zu warm und zu trocken (mindestens 1,5 Grad wärmer als normal), dann ist mit 90% Wahrscheinlichkeit ein zu kalter Winter und besonders ein zu kalter Januar zu erwarten.

Die Erklärung des erstaunlichen Ergebnisses: Gibt es im Oktober häufig Hochdruckwetter-lagen, so ist im Januar ebenfalls mit Hochdruckwetter zu rechnen. Im Herbst ermöglichen diese viel Sonnenschein, Trockenheit und Wärme. Im Januar jedoch sorgen sie für bittere Kälte""`.

http://www.panoramahof.de/bauernregeln_1.html

Kapitel 2.3:

Parallelen 1915-19, 1940-42, 1962-70 und 2005-12

Der Zirkulation nach befinden wir uns seit 2005 bis 2012 in Europa/Arktik wieder im Zeitraum 1962 bis 1970, 1915 bis 1919 und 1940 bis 1942. Dazu betrachten wir die arktische Oszillation AO und NAO, siehe:

ftp://ftp.cpc.ncep.noaa.gov/cwlinks/
ftp://ftp.cpc.ncep.noaa.gov/cwlinks/norm.daily.ao.index.b500101.current.ascii

Hier die Auflistung der negativen Phasen der Arctic Oszillation damals und seit 2005:

- Phase 1   vom 17.02. bis 31.03. 1962,   negativster Wert: -4.4
- Phase 2   vom 23.12. 1962 bis 23.02. 1963,   negativster Wert: -5.0
- Phase 3   vom 20.01. bis 09. 03. 1965,   negativster Wert: -3.8
- Phase 4a   vom 16.12. bis 28.01.1968/69,   negativster Wert: -4.8
- Phase 4b   vom 03.02. bis 28.03. 1969,   neg. Wert: -5.3, Schneewinter
- Phase 5   vom 02.12. 1969 bis 31.03.1970,   negativster Wert: -4.4,

----

- Phase 1:   12.02. bis 31.03. 2005,   negativer Wert: -1.4,
- Phase 2a: 12.11. bis 31.12. 2005,   negativster Wert: -3.0
                    (am 27.11. Schneekatastrophe im Münsterland)
- Phase 2b: 15.02. bis 14. 04 2006,   negativster Wert -1.8
- Phase 3:   02.11. bis 20.02. 2009/10,   negativster Wert -3.9
- Phase 4:   07.12. 2010 bis 21.01. 2011,   negativster Wert -1.7
- Phase 5:   12.02. bis 04.03. 2012,   negativster Wert -1.9
                    (COOPER-DIETER-Kältephase, Polarhoch 1060 hPa)

http://www.cpc.ncep.noaa.gov/products/precip/CWlink/daily_ao_index/month_ao_index.shtml

Die AO-Grafik zeigt auch die negativen Phasen 1962 bis 1969 und 2005 bis 2012. Negativ dominierend waren die Jahre 1915-19, 1940-42, 1962-70 und 2009-11.
Damit wagte ich im Oktober 2012 einen ersten Ausblick auf den Winter 2012/13:

Rückblick auf 191 Jahre NAO
Betrachtet man die NAO = North Atlantic Oscillation, dann fallen als negative Jahre auf:

http://www.cru.uea.ac.uk/cru/data/nao/

1915 - 19:	von März 1915 - November 1919 dominierten 36 neg. Monate
1939 - 42:	von Januar 1939 bis November 1942, 30 Monate waren negativ 1962 - 70:
1962/63	(Nov.- Febr.) bis 1968/69/70 (März) dominierend negativ
2005 - 12:	immer mehr dominierten ab 2011 die negativen NAO-Werte

Im Februar 2012 dominierten die Hochs COOPER-DIETER mit fast 1060 hPa im Nordosten Europas, was sich im NAO-Index nicht niederschlug. Daher empfehle ich, den NAEU-Index zu betrachten, der den Nordatlantik und Europa berücksichtigt.

„Wie wird nun der Winter 2011/12 ausfallen? Es fehlen bis heute die blockierenden Hochs über Nord- und Osteuropa. Vielleicht ein Indiz dafür, dass wir mal wieder einen Westwind-Winter bekommen. Im Prinzip war auch schon der Vorgänger ein Westwind-Atlantik geprägter Winter....".

Das waren meine Zeilen in www.awekas.at und www.wetter-board.de im Oktober 2012.

Kapitel 2.4:

Globale Erwärmung durch El Nino, Abkühlung durch La Nina

Das letzte Super El Nino endete 1998, seitdem regiert überwiegend La Nina mit abgeschwächter globaler Erwärmung, siehe:

http://www.esrl.noaa.gov/psd/enso/mei/

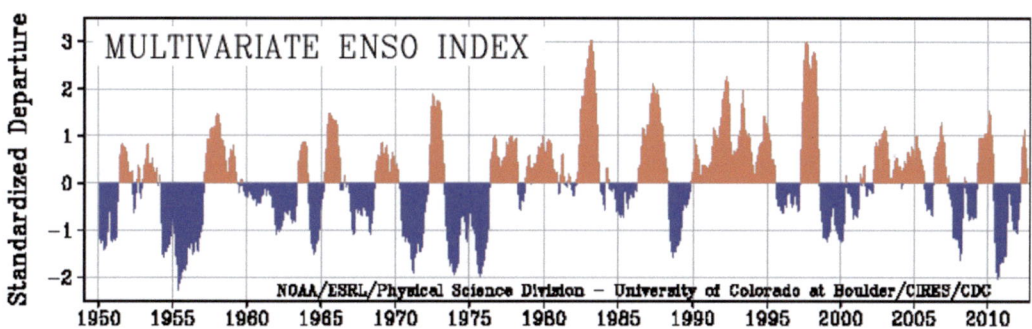

So sieht es mit El Nino (rot) und La Nina (blau) aus. Seit dem letzten Super-El Nino 1997/98 dominieren drei La NINA und damit schwächte sich die Erwärmung auf der Nordhalbkugel ("globale Erwärmung") ab.
Seitdem hatten wir in Europa **viele kalte Winter mit negativen AO/NAO - Zirkulationswerten.**
Arktische Kaltluft dominierte gegen die Subtropen- und Atlantikluft.
Ab August 1998 dominierten **negative Monatswerte des Multivariate Enso** Index (Ausnahme 2001 bis 2005, längere, aber relativ schwache El Nino-Phase):

http://www.esrl.noaa.gov/psd/enso/mei/table.html

März 2012 war der 22. Monat seit Juni 2010 in Folge negativ!
Zuvor hatten wir vom Juni 2007 bis April 2009 und davor ab August 1998 eine 33 Monate lange La Nina-Phase, nur ein schwacher El Nino-Monat dazwischen.
Die La Nina-Phasen hatten und haben natürlich Auswirkungen auf Nordamerika bis Europa, nicht direkt, aber indirekt. Die so genannte globale Erwärmung schwächelte/schwächt sich daher ab. So kommen nun auch andere Forscher langsam aus ihren "Löchern" und werden mutiger, siehe dazu im Trierischen Volksfreund mit dpa-Bericht vom 11.02.2012:

„Fällt Klimakatastrophe aus? - Vahrenholts neues Buch, der frühere Hamburger
Umweltsenator und heutige RWE-Manager Fritz Vahrenholt zweifelt in einem neuen Buch
alle bisherigen Prognosen über die nahende Katastrophe an. "

Der Klimawandel von positiver El Nino- zu La Nina-Phase sowie von positivsten NAO- und AO-Phasen Ende 1980iger bis in die 1990iger ist längst vollzogen. Von einigen Forschern wurde dies erkannt und veröffentlicht, u.a. von mir in meinen zwei letzten Büchern (2005 in "Ski und Rodel gut, ab sofort wieder öfters" und 2011 in "Klimawandel alle 30 - 40 Jahre", beide im BoD-Verlag.

Die globale Erwärmung wird zu ca. 70% durch El Nino verursacht!
Die Aussage fand ich unter dem Titel „El Nino die wichtigste Ursache der globalen Erwärmung ?" in der Zeitschrift Focus und schließe mich ihr an.

http://www.focus.de/wissen/klima/tid-15125/klimadebatte-el-nino-die-wichtigste-ursache-der-globalen-erwaermung_aid_424769.html

Zitat:

"Demgegenüber behaupten drei Forscher aus Australien und Neuseeland, dass allein El Nino die wichtigste Ursache der globalen Erwärmung sei, der Einfluss der durch menschliche Aktivitäten emittierten Treibhausgase sei dagegen vernachlässigbar gering. Das Trio um den Meeresforscher Robert Carter von der James-Cook-Universität im australischen Townsville wertete dazu Wetterdaten der letzten 50 Jahre aus....".

Der Pazifik mit dem El Nino/La Nina-Phänomen ist das größte Meer der Erde. Seit August 1998 dominiert die kühle La Nina, daher geht es nicht mehr vorwärts mit der so genannten "globalen Erwärmung". Das zeigen die folgenden Abbildungen:

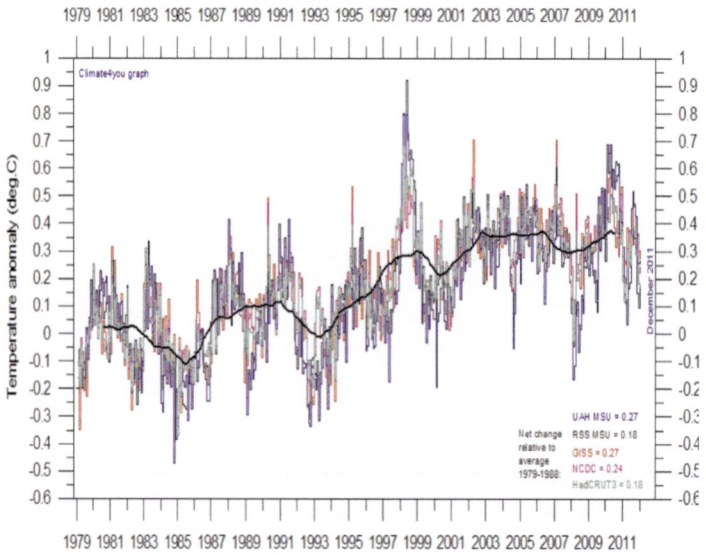

Quellen:

http://www.appinsys.com/GlobalWarming/SatelliteTemps.htm
http://processtrends.com/images/RClimate_NINO_34_latest.png

Die Grafiken sprechen für sich:

Was über El Nino geschrieben ist gilt auch für die Pacific Decadal Oscillation (PDO).
Sie zeigt fünf verschiedene Wetterregime:

PDO 1:   1893 bis 1923
PDO 2:   1924 bis 1941
PDO 3:   1942 bis 1976, die lange kalte Phase, nur kurz unterbrochen
PDO 4:   1977 bis 1998, das letzte große El Nino! Warmphase
PDO 5:   1999 bis Februar 2012 mit dem Rekordwert von -1.4 (seit 1972)

Letztere PDO/Kaltphase ab 1999 ist die Ursache dafür, dass die globale Erwärmung nicht
mehr groß wächst. Der kalte Pazifik stoppt die Erwärmung.

Die Säulengrafik zeigt die Regime von PDO 1-5:
http://ds.data.jma.go.jp/tcc/tcc/products/elnino/decadal/pdo.html

Die 7 Fälle mit PDO von ca. -1.4 und weniger:
1910 - 1917 - 1949 - 1956 - 1962 - 1972 - 2012

Wer hätte das gedacht? Ich schon, da ich ja nicht der aktuell herrschenden Lehrmeinung hin-
terher laufe, sondern mir als Klimaforscher die Vergangenheit anschaue und sehe, dass nach
ca. 2 - 3 Dekaden das Regime von warm auf kalt wechselt und so weiter. Die Kaltphase war
mal wieder überfällig, genauso wie bei der Sonnenaktivität das neue Jahrhundert-Minimum
(Landscheidt) nach Spörer, Maunder, Dalton und HSN kommen musste.

Kapitel 2.5:

Die extremen Wetterlagen 2010 bis 2012 bzw. 1936 ff

Die Jahre 2009 und 2010 wurden betreffend NAO- und AO-Index die extremsten seit Messbeginn vor über 100 Jahren, siehe:

http://www.cpc.ncep.noaa.gov/products/precip/CWlink/pna/month_nao_index.shtml

Frühjahr und Herbst 2011 wurden ebenfalls durch viele Blockhochs über Europa extrem, mit viel Sonnenschein, Wärme und Trockenheit.
Auch die ersten 12 Tage des Februar 2012 waren extrem, was die Minus-Temperaturen betrafen. Darüber wurde im Kapitel 2.1 bereits berichtet. Weitere Extremlagen ab 1936 finden sie im Internet unter:

http://www.awekas.at/for2/index.php?page=Thread&threadID=2441&highlight=K%C3%A4lte-Grippe+extrem+1936

oder Stichworte in Suchmaschine eingeben aus:
71x Schnee-/Kälte-Hitze-AO-/NAO-/NAEU-/ MEI-Extreme 1936-2012
(Stand 16. Oktober 2012)

Fall Nr. 72:
Am 14. Oktober 2012 hatten wir ein Omega-Hochdruckgebiet von
1032 hPa über dem Nordmeer/Spitzbergen. So einen hohen Luftdruck gab es dort seit 52 Wochen zuvor nicht mehr.

Kapitel 2.6:

Die Winter seit 2001 so kalt wie das 1960iger Jahrzehnt

Berglagen Süddeutschland, letztes Winterjahrzehnt so kalt wie in den 1960iger Jahren, nach Karl-Heinz Braun.
Auf der Suche nach dem Ausdruck "hohler Winter" fand ich als Nebenprodukt im Wetterforum der Wetterzentrale:

"In einem Beitrag im Klimaforum habe ich ja aufgezeigt, dass in den Berglagen Süddeutschlands das Jahrzehnt 2001/02 bis 2010/11 im Durchschnitt deutlich zu kalte Winter gebracht hat, nur die Winter 1961/62 bis 1970/71 waren kälter (Zeitraum ab 1950).
Ob sich dies fortsetzt, ist eine andere Frage.
Die 90er (das mildeste Winter-Jahrzehnt) und die 2000er (das zweitkälteste Jahrzehnt seit 1950), damit war ja auch nicht zu rechnen (gilt allerdings nur für die Berglagen oberhalb 700 - 800m)".

Quelle vom 25. Februar 2012: http://www.wzforum.de/forum2/read.php?27...2381968,quote=1

Karl-Heinz Braun schrieb, dass damit nicht zu rechnen war. Ich aber hatte damit spätestens 2004 gerechnet, denn die NAO und der AO-Index gingen in Stufen abwärts und immer halten sich Warm- und Kaltphasen nur über zwei bis vier Jahrzehnte.

Daher brachte ich 2005 und 2011 im BoD-Verlag meine Bücher heraus,
siehe nächstes Kapitel:

„Ski und Rodel gut, ab sofort wieder öfters"

„Klimawandel alle 30 - 40 Jahre"

Kapitel 2.7:

und:
Klimawandel alle 30 bis 40 Jahre
43 Jahre Klimaforschung und andere HSN-Aktivitäten

Klappentext:
Ca. 3-4 Jahrzehnte lang dauern die Klimaphasen über dem Nordatlantik, der Arktik, dem Pazifik und über den Tropen. Diese so genannten Multidekadal-Phasen sind das Hauptthema dieses zweiten BoD-Wetterbuches vom Diplom-Meteorologen Hubertus Schulze-Neuhoff (HSN). So erlebten wir in Europa 1940 die Wende zum Kalt-Winter-Klima 1974/75 zum Mild-Winter-Klima und spätestens 2005/06 begann das neue Kalt-Winter-Klima.
Überzeugen Sie sich selbst von diesem Klimaphänomen, der nordatlantischen multidekadalen Luftdruckschaukel über weitere Klimaforschungen und andere Aktivitäten von HSN.

Nachricht von Book on Demand (BoD) vom 01.10.2012

„wir freuen uns, Ihnen mitzuteilen, dass Ihr Titel „Klimawandel alle
30 bis 40 Jahre" nun in den USA, Großbritannien und Kanada lieferbar ist".

Kapitel 2.8:

Die Extrem-Kälteperioden ab 1948 bis 2012 in Trier

Rückblick auf Kälteperioden mit mehr als 10 Eistagen von minus 9° C und weniger: 1954 (15), 1956 (25), 1962/63 (33), 1971 (11), 1979 (12), 1985/86/87 (22/11/12), 1996/97 (13), 2012 (12)

Meine Kollegen Hajo und Bernd haben mir geholfen, ein neues Maß für Winterkälte zu checken. Man kann Kältesummen, Frost und normale Eistage als Maß für Winterkälte nehmen, oder - wie ich es wählte - extreme Kältetage mit weniger als minus 9° C.
Das ergab dann folgende Jahre:

1947/48:	3 (mindestens, 19. - 21. Februar 1948)
1948/49:	5
1949/50:	4
1950/51:	4
1951/52:	2
1952/53:	5
1953/54:	15
1954/55:	4
1955/56:	25
1956/57:	3
1957/58:	1
1958/59:	0
1959/60:	6
1960/61:	0
1961/62:	7
1962/63:	33
1963/64:	10
1964/65:	2
1965/66:	6
1966/67:	2
1967/68:	6
1968/69:	4
1969/70:	4
1970/71:	11 (ab 31. Dezember bis 08. März)
!971/72:	3
1972/73:	2
1973/74:	2
1974/75:	0 (der extrem milde Winter)
1975/76:	4
1976/77:	5
1977/78:	2
1978/79:	18 (ab 31. Dez. Kältewalze von Schleswig-Holstein, bis 17. Jan.)
1979/80:	3

```
1980/81:    1
1981/82:    7
1982/83:    0
1983/84:    0 (1971/72 bis 1983/84 extreme Warmwinter außer
               1978/79)
1984/85:    22
1985/86:    11
1986/87:    12
1987/88:    1
1988/89:    1
1989/90:    1
1990/91:    3
1991/92:    3
1992/93:    5
1993/94:    2
1994/95:    1
1995/96:    0
1996/97: 1  3
```

Quelle der Daten: www.dwd.de
Klima und Umwelt, Daten online free, Messdaten Trier historisch und aktuell, Tageswerte seit 1948

Kapitel 2.9:

Omega-Lage vom 23.05. bis 02.06.2012

Ab 23. Mai dominierte eine so genannte Omega-Lage (nach dem griechischen Omega-Symbol). Das Omega-Hoch hatte die Namen Otto, Petermartin und Quentin.
Hier die Lage vom 23.Mai in http://www.wetter3.de/Archiv/:

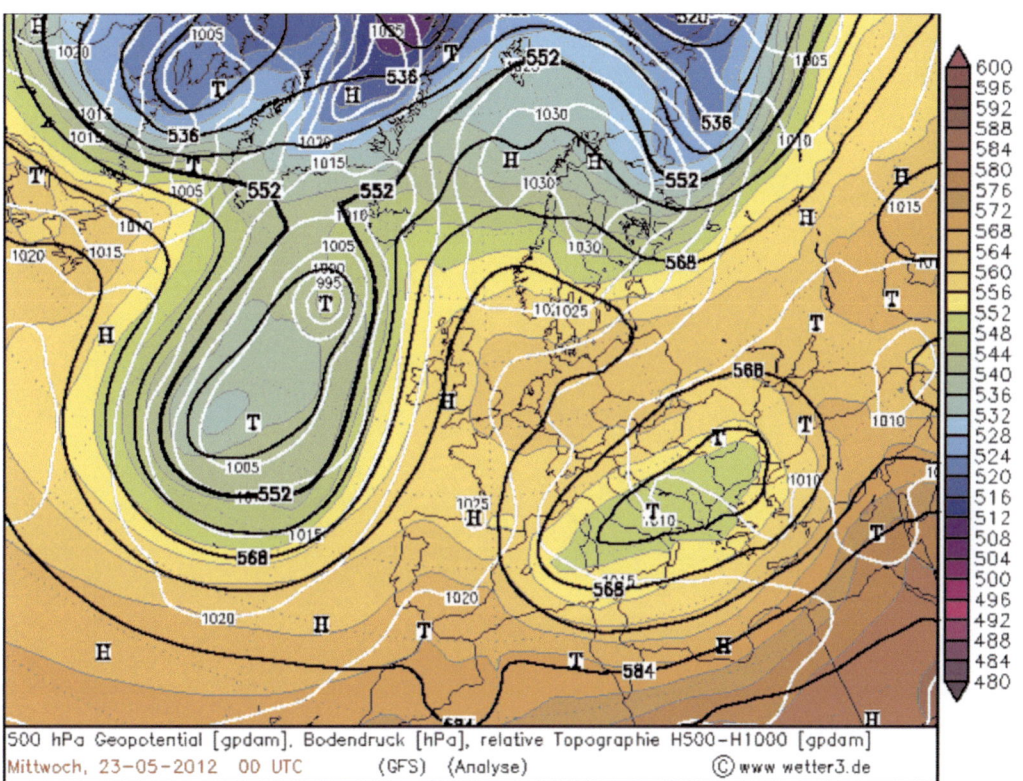

500 hPa Geopotential [gpdam], Bodendruck [hPa], relative Topographie H500-H1000 [gpdam]
Mittwoch, 23-05-2012 00 UTC   (GFS) (Analyse)   © www.wetter3.de

Die schwarze 576iger Isohypse zeigt das Omega-Hoch Otto. Die Isobaren in der Bodenkarte sind weiß und zeigen die Hochdruckbrücke von Portugal bis zur Nordsee mit 1020 hPa und mehr und Otto mit 1030 hPa über Nordskandinavien.

Die schwarze 568iger Isohypse zeigt am 02. Juni 18 UTC = 20 MEZ den Hochkeil über Frankreich, Hochdruckbrücke über England zu „Ex-Otto" über Grönland.
Die weiße Boden-Isobare zeigt Tief Bergit mit 1010 hPa von Südirland nach NW-Frankreich (Ex-Otto 1040 hPa über Grönland).

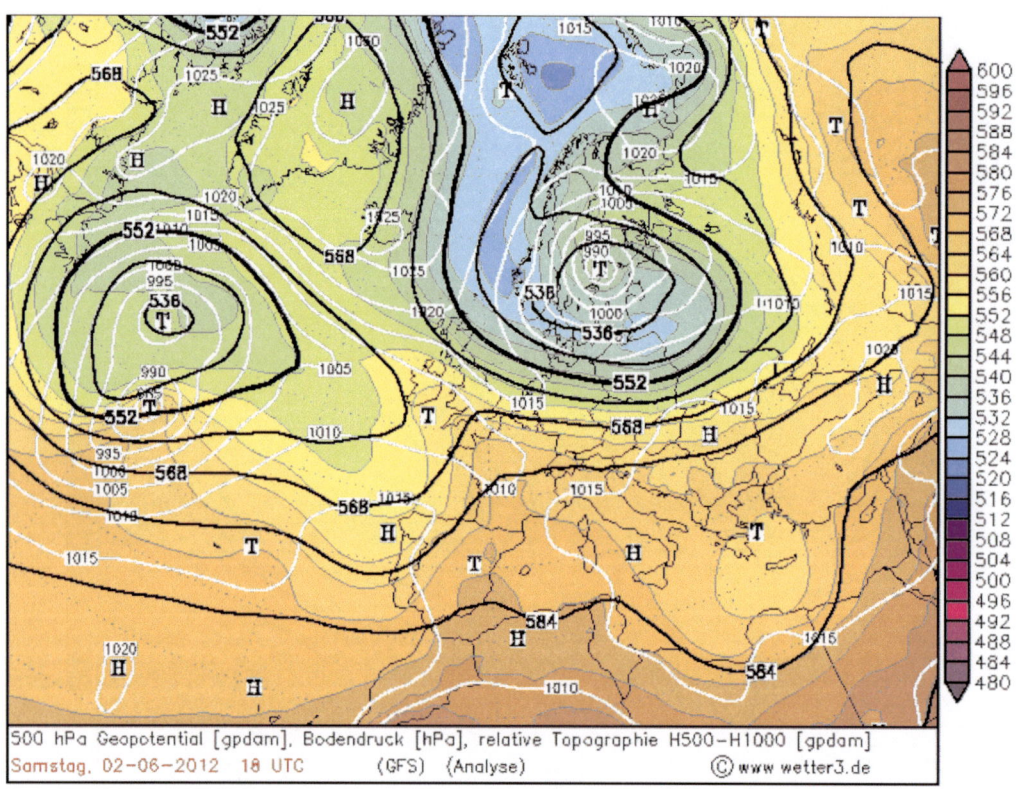

500 hPa Geopotential [gpdam], Bodendruck [hPa], relative Topographie H500-H1000 [gpdam]
Samstag, 02-06-2012 18 UTC   (GFS) (Analyse)   © www.wetter3.de

Kapitel 2.10:

Frühling - Herbst 2012 im 28, 14 und 7-Tage-Takt

In meinem Buch „Ski und Rodel gut, ab sofort wieder öfters" schrieb ich im Jahre 2005 zum Abschluss:
„….und auch verregnete Sommer wie 1965 werden wieder kommen"

Einen richtigen Hitzesommer erlebten wir dann nur noch 2006, wie die nachfolgend zitierte Dissertation mit Hitzewellen in Berlin-Brandenburg der Jahre 1994, 97, 03 und 06 zeigt. Danach waren die Sommer erträglich.

Quelle: http://edoc.hu-berlin.de/dissertationen/...PDF/gabriel.pdf
siehe Tabelle 3-11 und mehr

Ausnahme war die Hitzewelle über Russland im Sommer 2010 mit extremen Waldbränden. Ursache dafür war ein blockierendes Hochdruckgebiet im Osten Europas. Mehr darüber können sie in Wikipedia nachlesen:

http://de.wikipedia.org/wiki/Wald-_und_Torfbr%C3%A4nde_in_Russland_2010

Zurück nach West- und Mitteleuropa:
2011 war schon kein berühmter Sommer in Deutschland und 2012 war bis zum Juli ein verregneter Sommer.

Kältewellen traten 2012 mit Westwetter im 7/14/28-Tage-Takt (zwischenzeitlich kurzer 5-Tage-Takt) auf, siehe folgende Liste mit den Höchsttemperaturen von Trier:
„Die Atmosphäre und damit das Wetter verhalten sich chaotisch, ab jedes Chaos zeigt Strukturen, in diesem Fall 2012 folgende ungewöhnliche Takte:"

Serie I („Kälte-Samstag- bis Montag-Takt"):

K1,   Samstag, 31.März: nur 10.6° C Höchsttemperatur in Trier
K2a+b, Sonntag/Montag, 08. und 09. April: 9.3 und 9.5° C
K3a+b, Sonntag/Montag, 15. und 16. April: 10.1 und 9.8° C
K4,   Samstag, 21. April: 11.7° C
W1,   Samstag, 28.April: Hitzerekord, W2 dann 12 Tage, W3 dann 14 Tage später
K5,   Samstag/Sonntag, 12.+13. Mai: Kälte Nr. 5
K6,   Freitag, 18. Mai: Kälte Nr. 6 (um einen Tag zu früh)
K7a,   Sonntag, 03. Juni: tief-/trogvorderseitig Dauerregen, K7b-Kälte 2 Tage später
K8a,   Montag, 11. Juni: tief-/trogvorderseitig Dauerregen, K8b-Kälte 2 Tage später
K9,   Samstag, 16. Juni: "schleifende Kaltfront" brachte Kälte Nr. 9
K10,   Sonntag/Montag, 24. und 25. Juni: Kälte Nr. 10
K11,   Sonntag/Montag, 01.+ 02. Juli: 7-Schläfer-Kälte und Regen, W4 am 28. Juni
K12,   Sonntag, 08.Juli: die nächste Abkühlung (nur noch knapp über 20° C in Trier)
K13,   Sonntag, 22.Juli: örtlich nur 5° C morgens, ähnlich kalt am 22. Juli 1980

K14,   Sonntag und Montag, 29. und 30. Juli: zwei kühle Tage
K15,   Montag, 06. August: ein kühler Tag
K16,   Montag und Dienstag, 06.und 07. August: kühl und windig durch Tief Ursula
K17,   Sonntag, 26.August: kühl (18.9° C, 1. Herbsttag, windig), am 27. Min. 8.7° C

Serie II („Kälte-Mittwoch-Takt"):

K18,   Freitag, 31. Aug.: nur 15.7° C, 5 Tage später, 3. Herbsttag (<21° C nach HSN)
K19,   Mittwoch, 05.Sep: 20.6° C, Nordlage, Ostflanke Hoch Dennis, 5. Herbsttag
K20,   Mittwoch, 12.Sep. ff: 6.-9. Herbsttag, Kaltluft von Tief GRAINNE
K21,   Mittwoch, 19.Sep. ff: neue Trogkaltluft
K22,   Dienstag/Mittwoch, 25./26. Sept.: Kaltluft Sturmtief Karin (15.2 und 12.3° C)
K23,   Mittwoch/Donnerstag, 03./04. Oktober: Dauerregen mit nur 12° C

Serie III („Kälte-Montag/Dienstag-Takt"):

K24,   Montag, 08. Oktober: kalter Tag, 4 Tage nach Ende der Mittwoch-Serie
K25,   Montag, 15. Oktober: neuer 7-Tage-Takt mit 6.8° C. (Temperaturmittel)
K26,   Montag, 29. Oktober: nach Kourosh-Lars-Pause Fortsetzung des neuen Takts
K27,   Dienstag, 06. November: Kältefall Nummer 27 (Temperatur-Minimum 2.2° C)
K28,   Dienstag, 13. November: Kältefall Nummer 28

Serie IV (Wärme-Montag-Takt):

Im September 2012 hatten wir einen 7-Tage-Takt der Wärmespitzen jeweils montags am 3., 4., 10., 17., 24. September und Dienstag, 02. Okt.
Ich fand schließlich folgende Liste ab 28. März bis 19. Oktober mit 21 Wärmespitzen W1-W 21 im 7/14/28-Tage-Takt (letzterer fett markiert):

28. März: die Wärmespitze W1 (Sekundär-Maximum)
28. April: die Wärmespitze W2
10. Mai: 12 Tage später, die nächste Spitze W3
24. Mai: 14 Tage später, die nächste Spitze W4
28. Mai: Wärmespitze W5
07. Juni: 14 Tage später, die nächste Spitze W6
21. Juni: 14 Tage später, die nächste Spitze W7
28. Juni: 7 Tage später, die nächste Spitze W8
05. Juli: 7 Tage später, W9
27. Juli: Wärmespitze W10 (ein Tag zu früh)
01. August: neuer 14/7-Tage-Takt beginnend mit W11
15. August: 14 Tage später, W12a, am 19. W12b
19. August: Hitzespitze des Jahres und neuer 4x 7-Tage-Takt, W13
29. August: 14 Tage später, (ein Tag zu spät betreffend 4x 7-Tage-Takt, W14

Hier der 7-Tage-Takt ab 03. September bis 02. Oktober:

03./04. September:	24.8 und 25.2° C, Wärmespitze W15
10. September:	31.2° C, Wärmespitze W16
17. September:	25.4° C, Wärmespitze W17
24. September:	22° C im Warmsektor, Wärmespitze W18
02. Oktober:	19° C, Wärmespitze W19, ein Tag verspätet

hier wie bei den Kälteminima, der Break

06. Oktober:	19° C, 4 Tage später, W20
19. und 31. Oktober:	23.6 und 12.6° C in Trier, W21 und W22
19. November:	12.7° C, Wärmespitze W23

Zur Wiederholung, der ca. 4x 7=28-Tage-Takt:

Alter Takt: 28. März, 28. April, 28. Mai, 28. Juni, 27. Juli, 29. August
Neuer Takt: 19. August, 17. September, 19. Oktober, 19. November
Schneetakt: 28. Oktober, Rekordschnee im Süden + Osten Deutschlands
28. November, viel Schnee im Süden + Osten Deutschlands

http://www.awekas.at/for2/index.php?page=Thread&threadID=11570
(Grafik in HSN`s Wetterblog vom 24.09.2012)

Serie V („Eisheilige-Takt"):

Ich prägte in diesem „**S**chafskälte-**S**iebenschläfer-**P**erioden-**S**ommer" (**SSP**) den Ausdruck **Sommer-Eisheilige (SEH)** im Juli und **Mai-Eisheilige (MEH)**. Dazu folgende Liste, ein Monatstakt der Superlative ab 03. Mai:

03. Mai: nur 17° C Höchsttemperatur in Trier, **MEH 1**
12., 13., 15., 16. Mai: < 15° C, **MEH 2**

03. Juni: Schafskälte 1
11. bis 16. Juni: Schafskälte 2

02. Juli: 18.1° C in Trier, **SEH 1**
12. - 16. Juli: SEH 2

Die Höchsttemperaturen von Trier findet ihr/finden sie unter Klima- und Umwelt (Klimadaten online-free, Klimadaten Deutschland, Messdaten und Tageswerte Trier) in www.dwd.de

Kapitel 2.11:

Extreme dicht beieinander, zuletzt 19. u. 29. Okt. 2012

Extreme liegen manchmal dicht beieinander, hier die Hochwasserjahre, dann Dürre:
http://www.wetterzentrale.de/klima/ptrierp.html

1910:   4 x > 100 Liter, im November 137, Jahr 863 Liter
1911:   5 x <   30 Liter, Jahr 562 Liter

1919/20, November, Dezember, Januar:
               3 x > 100 Liter
1920+21:   9 x < 30 Liter, 1921 nur 382 Liter

1930, Juli bis Oktober 1932:
               9 x > 100, 968, 915 und 806 Liter
1932, Dezember bis September 1934:
               8 x </= 32 Liter

1950-52:   10 x > 100 Liter, 987, 815 und 937 Liter
1953:   5 x <   30 Liter, Jahr 474 Liter

Zwei Extreme November / Dezember 2011:
7 zu 177 % Niederschlag!
http://www.bernd-hussing.de/Archivdateien/Archiv.htm

·Tief Joachim 960 hpa am 16. Dezember in Bad Lippspringe, CORA Hoch Cora 1041 hPa in Basel am 26. Dezember (10 Tage Differenz)
               2012, 19. Oktober und 29. Oktober (10 Tage Differenz)
               23.8° C am 14.10.1990
               -5.4° C am 27.10.1950
die beiden Dekadenrekorde wurden jeweils nur um 0.2° C verpasst, durch einmal Südwind am 19. bzw. Nordwind am 29. Oktober .

Niedrigwasser und Sommer-Hochdruck-Perioden kombiniert,
ergibt den folgenden ca. 5-Jahre-Takt:

1929 - 1934 - 1938 - 1944 - 1949 - 1954 - 1959 - 1964, ...,
1971 - 1976 ... 2003 - 2009

Statistik des HSN-Wetterblogs am 05.11.2012 in:
www.awekas.at:
7229 Themen - 10688 Beiträge (6,03 Beiträge pro Tag)
Schauen Sie mal hinein.

Vorletzte Informationen

Advent und Weihnachten, mal anders betrachtet.

Weihnachtszeit für Viele eine frohe Zeit mit Kerzen, Tannen, Liedern, Kirche, Geschenken, Familie, nicht aber für alle.
Für mich Zeit der Trauer, auch wenn das Ereignis (Tod des Bruders) schon 47 Jahre zurückliegt. Erinnerungen an den Vater, der in den Hintergrund gedrängt, fast immer schlecht gelaunt war ..., für mich Zeit des aus dem täglichen Rhythmus-Kommens, kein Hallensport möglich, weil die Hallen zu sind, keine Bundesliga, als Fußball-Fan eine halbe Katastrophe.

Ca. 27 Millionen junge Tannen müssen für diese Tradition ihr Leben lassen. Ich verzichte seit Jahren darauf. Dieses Jahr wurde unsere Haustanne für die Gemeinde geopfert, die 1. Weihnachtskrise! Ich setzte mich vehement für den Erhalt des 15 Jahre alten Baumes ein, Altlasten brachen auf.
Oft werden wir im späteren Leben durch Altlasten aus der Jugend be/getroffen, die am Partner ausgelassen werden, die Beziehung auf die Probe stellen, wenn wir sie nicht aufarbeiten, selbst oder mit fremder Hilfe.
Ich schloss nach 3 1/2 Jahren Frieden mit einem meiner Freunde. Wegen der Himmelspforte hatten sich unsere Wege getrennt. Ich war damals in meiner Begeisterung für den Panoramaplatz über`s Ziel hinausgeschossen, indem ich schon gleich einen Zugang von der Grevenburg über die Franzosentreppe zum Felsvorsprung darüber einplante. Da wurde ich von ihm ausgebremst.

25. 11. 2012:
Wanderer auf dem Mosel-Camino, Moselhöhen- und Sponheimer Weg können nun an der Himmelspforte ihren Proviant auf dem neuen, gebrauchten Tisch abstellen, die Bank hatte die Stadt gestiftet.

26. 11. 2012:
Christian Storck machte in meiner Begleitung wunderbare Aufnahmen vom Panoramaplatz „Schillerfelsen" in der Trarbacher Schweiz.

Mit dem Bild beschließe ich dieses Buch.
Möge es Euch so gefallen, wie die drei Vorgängerbücher bei BoD.

Irgendwann wird auch eine „Himmelslaube" (Ausdruck Günter Oberle)
den Platz an der Himmelspforte schmücken!

03. 12. 2012:
Traben-Trarbach hat außer wunderbaren Panoramaplätzen, Elfen- und bald auch Barfußpfad sehenswerte Trockenmauern aus vergangenen Zeiten zu bieten.
Darauf hatten mich Götz und Gabriele Wagner aufmerksam gemacht.
Diese Relikte sollten wir auch unseren Touristen zeigen.

Letzte Informationen, Stand 07. 02. 13:

Protokoll:
Barfußpfad Enkirch im Großbachtal, Teil 1/2013 „von Mühle zu Mühle" und Barfuß-Elfenpfad
Traben-Trarbach im Kautenbachtal.

04. u. 11. Sept. 2010:
Erste Barfußtage in Traben-Trarbach, Idee dazu im Jahre 2008
Mehr Informationen über die Aktivitäten seit 2008 bis 2013 findet ihr in
www.hobby-barfuss.de
Forum neu, Kennenlernforum (siehe HSN)
Barfußlaufen-aktives Leben auf freien Füßen
Veranstaltungen-gemeinsam barfuß unterwegs

04. Januar 2013:	Die Entscheidung für Enkirch fiel an diesem Tag, weil
	1. das Großbachtal abseits vom Straßenverkehr liegt
	2. viele Einheimische das Projekt befürworten und unterstützen.
	(Ortsbürgermeister Roland Bender, Heinz Schütz, Jos und Riemke Verkerk, Berthold Schütz,. Thomas und Ina Hofmann, Rita Albright, Günter Oberle .....)
09. Januar 2013:	HSN in der Bürgersprechstunde bei Herrn Bender
13. Januar 2013:	Ortsbegehung mit Herrn Bender u.a. Personen
20. Januar 2013:	Ortsbegehung mit Andreas Weissgerber
31. Januar 2013:	Berthold Schütz ebnet mit Minibagger den Pfad (ca. 800 m), Jos Verkerk und HSN errichten einen Knüppeldamm
01. Februar 2013:	Dieter Petry-Idee, für Bachüberquerung
03. Februar 2013:	Mit dem Elfenpfad in Traben-Trarbach geht es leider nur zögernd voran
04. Februar 2013:	Revierförster Wilhelm Simon besorgt hölzerne Begrenzungsstangen
05. Februar 2013:	Flyer-Entwurf Nr. 4 Elfenpfad an die Tourist-Info Traben gemailt
06. Februar 2013:	Roland Bender genehmigt Banner (2,50 x 0,70 m) an der Schompenmühle, und Materialbeschaffung im Wert von 151 €. Die Straßenbaufirma Rosendahl-Bucher spendiert eine LKW-Ladung Sand bzw. Kies...
23. März 2013:	Um 15.00 Uhr starten wir zur nächsten Elfenwanderung (barfuß oder in Schuhen). Anmeldungen aus Trier, Luxemburg und Lüttich liegen vor.
28. Juli 2013:	Um 11.00 Uhr eröffnen wir Teilstück 1 des Barfußpfades Enkirch anlässlich des Schlepperfreunde-Treffens, mit. Getränkeständen an der Großbachmühle (wo jeweils an Pfingstmontag noch herkömm lich Brot gebacken wird), am Fallig-Stausee und/oder am/im Tennis-Clubhaus.

Abschließend nach Lektorat durch Werner Blum die Daten an den BoD-Verlag.

Am 08. Februar 2013 erhielt ich per Post das neue Buch von Dr. Gert Meier und Ulrich Gläser, erschienen im Dez. 2012 unter dem Titel: „Das Kleinenberg-System, Frühgeschichtliche Funde im Stammesgebiet der alten Marser", 3. ergänzte Auflage, erschienen bei Lüttgen & BOOS, Köln, info@luettgen-boos.de

Die Seiten 60 bis 100 sind überschrieben mit „Die Kultstätte bei Kleinenberg (Hardehauser Klippen)" mit 30 Buntfotos und Text über die sensationellen Funde seit 12. Juli 2006 bis 2012, als die Begleiterin von Ulrich Gläser und mir die Kröte, Schlange und Yin-Yang entdeckte (siehe die drei Fotos auf Seite 54 meines Buches).

Wer also noch mehr als in Kap. 1.29 (Kultplätze im Eggegebirge) erfahren möchte, dem sei dieser Forschungsbericht empfohlen.